BEI GRIN MACHT SICH WISSEN BEZAHLT

- Wir veröffentlichen Ihre Hausarbeit, Bachelor- und Masterarbeit

- Ihr eigenes eBook und Buch - weltweit in allen wichtigen Shops

- Verdienen Sie an jedem Verkauf

Jetzt bei www.GRIN.com hochladen und kostenlos publizieren

Bibliografische Information der Deutschen Nationalbibliothek:

Die Deutsche Bibliothek verzeichnet diese Publikation in der Deutschen National-
bibliografie; detaillierte bibliografische Daten sind im Internet über http://dnb.d-
nb.de/ abrufbar.

Impressum:

Copyright © 2017 GRIN Verlag, Open Publishing GmbH
Druck und Bindung: Books on Demand GmbH, Norderstedt Germany
ISBN: 9783668577954

Dieses Buch bei GRIN:

http://www.grin.com/de/e-book/381167/unternehmensbewertungsmethoden-und-
deren-spezifische-eignung

Philipp Ferstl

Unternehmensbewertungsmethoden und deren spezifische Eignung

GRIN Verlag

GRIN - Your knowledge has value

Der GRIN Verlag publiziert seit 1998 wissenschaftliche Arbeiten von Studenten, Hochschullehrern und anderen Akademikern als eBook und gedrucktes Buch. Die Verlagswebsite www.grin.com ist die ideale Plattform zur Veröffentlichung von Hausarbeiten, Abschlussarbeiten, wissenschaftlichen Aufsätzen, Dissertationen und Fachbüchern.

Besuchen Sie uns im Internet:

http://www.grin.com/

http://www.facebook.com/grincom

http://www.twitter.com/grin_com

Unternehmensbewertungsmethoden und deren spezifische Eignung

Oktober 2017
Philipp Ferstl

Inhaltsverzeichnis

Abbildungsverzeichnis

Tabellenverzeichnis

Abkürzungsverzeichnis

A	Aktiva
Abs.	Absatz
Afa	Absetzung für Abnutzung/Abschreibung
AG	Aktiengesellschaft
APV	Adjusted Present Value
Aufl.	Auflage
AV	Anlagevermögen
Art.	Artikel
BGBl	Bundesgesetzblatt
BW	Buchwert
bzw.	beziehungsweise
ca.	circa
CHF	Schweizer Franken
DAX	Deutscher Aktienindex
DCF	Discounted-Cashflow
EBT	Operatives Ergebnis vor Steuern
EBIT	Ergebnis vor Steuern und Zinsen
EK	Eigenkapital
EU	Europäische Union
f.	folgende
(o)FCF	(operativer) Free Cashflow
FK	Fremdkapital
Ford. a LuL	Forderungen aus Lieferungen und Leistungen
FTE	Flow to Equity
gem.	gemäß
GewSt	Gewerbesteuer
GewStG	Gewerbesteuergesetz
ggf.	gegebenenfalls
GK	Gesamtkapital
GmbH	Gesellschaft mit beschränkter Haftung
GuV	Gewinn- und Verlustrechnung
HGB	Handelsgesetzbuch
IDW	Institut der Wirtschaftsprüfer

i.H.	in Höhe
IHK	Industrie- und Handelskammer
i.H.v.	in Höhe von
kalk.	kalkulatorisch(e)
KMU	kleine und mittlere Unternehmen
KSt	Körperschaftsteuer
Mio.	Millionen
NOPLAT	Ergebnis vor Zinsen und nach adaptierten Steuern
Nr.	Nummer
P	Passiva
PSG	Pflegestärkungsgesetz
RGBI	Reichsgesetzblatt
RHB	Roh-, Hilfs- und Betriebsstoffe
S.	Seite
SWOT	Strength-Weaknesses-Opportunities-Threats
TCF	Total Cashflow
TS	Tax Shield, Steuervorteil aus Fremdfinanzierung
TV	Terminal Value, Fortführungswert, ewige Rente
u.a.	unter anderem
Verb.	Verbindlichkeiten
Verb. a LuL	Verbindlichkeiten aus Lieferungen und Leistungen
VG	Vermögensgegenstände
vgl.	vergleiche
v.a.	vor allem
WACC	Weighted Average Cost of Capital, gewichtete Kapitalkosten
WC	Working Capital, Umlaufvermögen
z.B.	zum Beispiel

Symbolverzeichnis

§	Paragraph
UW_{LW}	Unternehmenswert als Liquidationswert
LE_t, LA_t	Liquidationseinzahlungen/Liquidationsauszahlungen im Zeitpunkt t
T_L	Liquidationszeitraum
i_L	Kalkulationszinsfuß im Liquidationsverfahren
UW_{SW}	Unternehmenswert als Substanzwert
UW_{AEW}	Unternehmenswert als Ausgabenersparniswert
ABW_V	Ausgabenbarwert des Vergleichsobjekts
ABW_U	Ausgabenbarwert des bewerteten Unternehmens
A_{V0}	Auszahlungen des Vergleichsobjekts in Periode 0
A_{Vt}	Auszahlungen des Vergleichsobjekts in Periode t
A_{Ut}	Auszahlungen des bewerteten Unternehmens in Periode t
i_{AEW}	Kalkulationszinsfuß im Ausgabenersparniswert
UW_{EW}	Unternehmenswert als Ertragswert
E_t	sicherer Ertrag in Periode t
i	sicherer Zinsfuß
t	Periodenindex
T	Planungshorizont
E_{T+1}	ab Periode T+1 stagnierende Ertragsgröße
I_{AV}	Investitionen in das Anlagevermögen
Di_{AV}	Desinvestitionen des Anlagevermögens
ΔWC	Veränderung des Working Capitals/Netto-Umlaufvermögens
UW_{APV}	Unternehmenswert anhand des APV-Ansatzes
GK^u	Gesamtkapital des unverschuldeten Unternehmens
V^s	Steuervorteile aus Verschuldung/Tax-Shield (TS)
FK	Fremdkapital
s	Unternehmenssteuersatz
r_{FK}	durchschnittliche Fremdkapitalkosten/Renditeforderungen der FK–Geber
GK^v	Gesamtkapital des verschuldeten Unternehmens
FCF_t	Free-Cashflow in Periode t

r_{EK}^u	Eigenkapitalkosten/Renditeforderung der Eigenkapitalgeber des unverschuldeten Unternehmens
FCF_{T+1}	Terminal Value des FCF
i_B	risikofreier Zinssatz anhand von Anleihen (Staatsanleihen)
R_M	langfristige Aktienrendite
β	Volatilität/Risiko der Anlage/des unverschuldeten Unternehmens
$WACC_t$	gewichtete Kapitalkosten in Periode t
$r_{EK,t}{}^v$	Eigenkapitalkosten des verschuldeten Unternehmens in Periode t
$r_{FK,t}$	Fremdkapitalkosten in Periode t
EK	Eigenkapital
GK	Gesamtkapital
UW^{FCF}	Unternehmenswert anhand des FCF-Ansatzes
EK^v	Eigenkapitalwert des verschuldeten Unternehmens
k_s	steuerkorrigierter Durchschnittsgesamtkapitalkostensatz/WACC
k_{TCF}	WACC im TCF-Ansatz
UW_{FTE}	Unternehmenswert anhand des FTE-Ansatzes
FTE_{T+1}	Terminal Value des FTE
UW_M	Unternehmenswert im Multiplikatorverfahren

1   Einleitung

Wegen der großen Anzahl an Transaktionen mit Eigentumsübergängen und wegen oft zu hohen Übernahmepreisen ist die Unternehmensbewertung ein permanent behandeltes Gebiet.[1] Deshalb wirft sich die Frage auf, ob es einen fairen Unternehmenswert gibt. Doch es gibt keinen einzigen optimalen Unternehmenswert, weil die zahlreichen Anlässe und Methoden zu unterschiedlichen Unternehmenswerten führen.[2] Es ist daher von großer Bedeutung die Rahmenbedingungen und Umstände der Bewertung zu konkretisieren. Diese wissenschaftliche Arbeit folgt dem Konzept der funktionalen Unternehmensbewertung, welche die seit Mitte der 1970er Jahre dominierende Meinung der Zweckabhängigkeit des Unternehmenswertes als Norm betrachtet.[3] Die beiden anderen Bewertungskonzepte, objektive[4] und subjektive[5] werden außen vor gelassen, weil der Verfasser von der Zweckabhängigkeit von Bewertungen und Unternehmenswerten ausgeht.[6]

Der erste maßgebende Einflussfaktor auf die Bewertung und deren Ergebnis ist der Anlass, welcher in mit Eigentumswechsel und ohne Eigentumswechsel unterteilt werden kann.[7] Diese Gruppe ist nochmals in dominierte und nicht dominierte Anlässe zu unterteilen.[8] Dominierte Anlässe mit Eigentumswechsel sind zum Beispiel (z.B.). Kündigung und Austritt eines Gesellschafters oder die Eingliederung einer Aktiengesellschaft (AG) in eine andere AG bei Mehrheitsbeschlüssen.[9] Bei diesen und anderen dominierten Anlässen mit Eigentumswechsel kann eine Verhandlungsseite, auch gegen den Willen der Konfliktpartei, aufgrund gesetzlicher Legitimation eine Transaktion erzwingen.[10] Durch diesen Vorteil ist es der dominanten Partei möglich die Bedingungen für den Konflikt stark nach deren Gunsten zu bewegen und damit auch großen Einfluss auf den schlussendlich festgelegten Unternehmenswert auszuüben. Die andere Konfliktpartei kann dabei nur reagieren.[11]

---

[1] Vgl. Drukarczyk/Schüler (2016), S. 1.
[2] Vgl. Schmidlin (2013), S. 143.
[3] Vgl. Matschke/Brösel (2013), S. 22.
[4] Vgl. Matschke/Brösel (2013), S. 14.
[5] Vgl. Matschke/Brösel (2013), S. 18.
[6] Vgl. Matschke/Brösel (2013), S. 23.
[7] Vgl. Henselmann/Kniest (2015), S. 28.
[8] Vgl. Matschke/Brösel (2013), S. 93.
[9] Vgl. Matschke/Brösel (2013), S. 94f.
[10] Vgl. Matschke/Brösel (2013), S. 93.
[11] Vgl. Matschke/Brösel (2013), S. 94.

Die zweite Ausprägung der Bewertungsanlässe mit Eigentumswechsel ist die nicht dominierte Situation.[12] Hierbei hat keine Konfliktpartei die Möglichkeit eine Eigentumsänderung allein zu erzwingen, es kann ohne die Mitwirkung der anderen Partei keine Entscheidung gefällt werden.[13] Jede Verhandlungsseite hat die Option die Verhandlung abzubrechen.[14] Folglich wird ein Eigentumswechsel nur vollzogen, wenn der Käufer/Verkäufer wirtschaftliche Vorteile erlangt.[15] Dies führt dazu, dass sich ein anderer Unternehmenswert als bei dominierten Fällen ergibt, weil zum Eigentumswechsel ein für beide Seiten günstiges Ergebnis entstehen muss.[16] Ein klassisches Beispiel für nicht dominierte Eigentumswechsel ist der Fall von Unternehmensverkäufen und -käufen.[17] Es gibt noch weitere Konfliktausprägungen bei Bewertungsfällen,[18] die sich alle unterschiedlich auf die Bewertung auswirken, jedoch ist es nicht das Ziel der Arbeit die einzelnen Konstellationen aufzulisten und zu analysieren.

Ein weiterer nicht zu vernachlässigender Einflussfaktor auf den Unternehmenswert ist die Funktion des ermittelten Wertes, denn er ist immer zweckgerecht.[19] Einen wichtigen Bewertungszweck stellt der Grenzpreis beziehungsweise (bzw.) Marktwert oder Entscheidungswert dar, da er eine Entscheidungsfunktion bei Kaufs- und Verkaufssituationen besitzt.[20] Zudem kann eine Bewertung dazu behilflich sein, einen für beide Parteien gerechten Wert zu finden, auch Schiedsspruch- oder Arbitriumwert genannt.[21] Der Argumentationswert hingegen wird verwendet, um die eigene Position in einer Transaktionsverhandlung zu festigen.[22]

Letztendlich ist zu beachten ob ein Fortführungswille beim Erwerber eines Unternehmens besteht oder nicht, denn der Unternehmenswert unter Liquidationsabsicht geht von einem Zerschlagungswert aus, wohingegen bei Bewertungen unter dem Aspekt der Unternehmensfortführung die vermiedenen Ausgaben im Fokus stehen und die vorhandenen Substanzwerte.[23]

---

[12] Vgl. Matschke/Brösel (2013), S. 93.
[13] Vgl. Matschke/Brösel (2013), S. 93.
[14] Vgl. Drukarczyk/Schüler (2016), S. 3.
[15] Vgl. Drukarczyk/Schüler (2016), S. 3.
[16] Vgl. Matschke/Brösel (2013), S. 93.
[17] Vgl. Henselmann/Kniest (2015), S. 28.
[18] Vgl. Matschke/Brösel (2013), S. 108.
[19] Vgl. Moxter (1983), S. 6.
[20] Vgl. Vgl. Drukarczyk/Schüler (2016), S. 8.
[21] Vgl. Vgl. Drukarczyk/Schüler (2016), S. 10.
[22] Vgl. Vgl. Drukarczyk/Schüler (2016), S. 11.
[23] Vgl. Matschke/Brösel (2013), S. 315f.

Aus diesen Einflussfaktoren auf einen Unternehmenswert lässt sich folgern, dass für jede spezifische Konstellation von Bewertungsfällen manche Verfahren besser und manche weniger geeignet sind. Zur Beantwortung dieser Fragestellung werden die einzelnen Methoden in Kapitel 2 vorgestellt und darauffolgend in Kapitel 3 auf ihre spezifische Eignung hin, anhand von Praxisfällen, analysiert. Im Anschluss wird eine alternative Methode auf ihre spezifische Eignung hin überprüft und kritisch analysiert. Die Arbeit schließt mit einer thesenförmigen Zusammenfassung.

2 Bewertungsmethoden

In diesem Kapitel werden die einzelnen Unternehmensbewertungsmethoden vorgestellt. Es wird zuerst der Grundgedanke und das Konzept der jeweiligen Methode erläutert. Im Anschluss wird die Bewertungsformel mit ihren zugehörigen Bestandteilen offengelegt.

2.1 Einzelbewertungsverfahren

Unter anderem unterscheidet man die Bewertungsmethoden in Einzel- und Gesamtbewertungsverfahren:[24]

Abbildung 1: Unterteilung der Bewertungsverfahren[25]

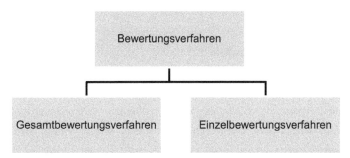

Zuerst wird auf die Einzelbewertungsverfahren eingegangen, welche den Grundsatz von Bilanz oder Inventar haben.[26] Wird auf die Fortführung des Unternehmens oder auf die Liquidation abgezielt, ist von der Methode des Substanzwertes als Ausgabenersparniswert oder des Liquidationswertes Gebrauch zu machen.[27] Der Substanzwert als Rekonstruktions- oder Reproduktionswert wird bei Aspekten des Nachbaus eines Unternehmens verwendet.[28]

---

[24] Vgl. Ballwieser/Hachmeister (2016), S 8.
[25] Quelle: In Anlehnung an Ballwieser/Hachmeister (2016), S. 8.
[26] Vgl. Ballwieser/Hachmeister (2016), S 10.
[27] Vgl. Ballwieser/Hachmeister (2016), S. 10.
[28] Vgl. Matschke/Brösel (2013), S. 315.

2.1.1 Liquidationsverfahren

Im Folgenden wird das Liquidationsverfahren näher thematisiert. Das Verfahren geht von der Zerschlagung (Liquidation) des Bewertungsobjekts aus.[29] Das Ergebnis stellt den Wert aus den verkauften Vermögensgegenständen des Unternehmens dar.[30] Davon sind die Schulden und die Kosten der Zerschlagung zu subtrahieren.[31] Als erste grundlegende Formel ist daher festzulegen:

$$(1.)\ UW_{LW} = Liquidationserlös\ des\ gesamten\ betrieblichen\ Vermögens$$
$$-Wert\ der\ Schulden$$
$$-Zerschlagungskosten\ [32]$$

Mit:

UW_{LW} Unternehmenswert als Liquidationswert.[33]

Oft wird der Liquidationswert auch als Mindestunternehmenswert bezeichnet.[34] Bei länger andauernden Liquidationszeiträumen sind die Liquidationserlöse abzuzinsen:[35]

$$(2.)\ UW_{LW} = \sum_{t=0}^{T_L} \frac{(LE_t - LA_t)}{(1 + i_L)^t}\ [36]$$

Mit:

LE_t, LA_t Liquidationseinzahlungen/Liquidationsauszahlungen im Zeitpunkt t,

T_L Liquidationszeitraum,

i_L Kalkulationszinsfuß im Liquidationsverfahren.[37]

Je nachdem, ob das Unternehmen ganz oder teilweise veräußert werden soll, ist der Liquidationswert durch die gesamten veräußerbaren Vermögensgegenstände (Gesamt-Liquidationswert) oder durch die nicht (mehr) betriebsnotwendigen Vermögensgegenstände bestimmt (Teil-Liquidationswert).[38] Um den potentiellen Erlös aus der Veräußerung von Wirtschaftsgütern zu bestimmen, sind die einzelnen Werte aus der Bilanz und dem Inventar zu verwenden.[39] Denn selbst geschaffene, immaterielle Vermögensgegenstände (Marken, Firmenwerte, Rechte/Patente) dürfen

---

[29] Vgl. Ernst/Schneider/Thielen (2012), S. 4.
[30] Vgl. Ernst/Schneider/Thielen (2012), S. 4.
[31] Vgl. Ernst/Schneider/Thielen (2012), S. 4.
[32] Vgl. Ernst/Schneider/Thielen (2012), S. 5.
[33] Vgl. Ernst/Schneider/Thielen (2012), S. 4f.
[34] Vgl. Matschke/Brösel (2013), S. 315.
[35] Vgl. Matschke/Brösel (2013), S. 325.
[36] Vgl. Matschke/Brösel (2013), S. 325.
[37] Vgl. Matschke/Brösel (2013), S. 325.
[38] Vgl. Matschke/Brösel (2013), S. 325.
[39] Vgl. Ballwieser/Hachmeister (2016), S. 203.

nach § 248 HGB nicht angesetzt werden.[40] Auch bei bereits voll abgeschriebenen Wirtschaftsgütern des Anlagevermögens muss das Inventar plausible Werte liefern.[41] In Bezug auf die Genauigkeit ist der Liquidationswert kritisch zu betrachten, weil er stark vom vorgegebenen Zerschlagungszeitraum, der Liquidationsstrategie und der aktuellen Marktsituation, für die zu veräußernden Vermögensgegenstände, bestimmt wird.[42]

2.1.2 Substanzwertverfahren auf Basis von Reproduktionswerten

Die zweite Möglichkeit der Einzelbewertung ist das Substanzwertverfahren auf Basis von Reproduktionswerten.[43] Diese Methode hat, wie der zuvor behandelte Liquidationswert, auch das Schema von Bilanz und Inventar als Grundgerüst.[44] Hierbei werden die einzelnen Vermögensgegenstände jedoch nicht durch Bilanz- oder Inventarwerte, sondern mithilfe von Wiederbeschaffungspreisen, bewertet.[45] Das Unternehmen soll also rekonstruiert werden.[46]

Allgemein lässt sich der Substanzwert als Unternehmenswert wie folgt definieren:

$$(3.)\ UW_{SW} = Reproduktionswert\ des\ betriebsnotwendigen\ Vermögens$$
$$+Liquidationswert\ des\ nicht\ betriebsnotwendigen\ Vermögens$$
$$-Schuldenwert[47]$$

Mit:

UW_{SW} Unternehmenswert als Substanzwert.[48]

Der Substanzwert drückt somit aus, wie viel ein Käufer zahlen müsste, um das bewertete Unternehmen im gleichen Zustand zu erhalten.[49] Entscheidend bei der Berechnung des Substanzwertes ist der Reproduktionswert des betriebsnotwendigen Vermögens, denn dieser kann unterschiedlich definiert werden.[50] Somit wirkt sich dieser variabel auf den Unternehmenswert/Substanzwert aus.

---

[40] Vgl. Ballwieser/Hachmeister (2016), S. 203.
[41] Vgl. Ballwieser/Hachmeister (2016), S. 203.
[42] Vgl. Matschke/Brösel (2013), S. 326.
[43] Vgl. Ernst/Schneider/Thielen (2012), S. 3.
[44] Vgl. Ballwieser/Hachmeister (2016), S. 204.
[45] Vgl. Ernst/Schneider/Thielen (2012), S. 3.
[46] Vgl. Matschke/Brösel (2013), S. 317.
[47] Vgl. Ernst/Schneider/Thielen (2012), S. 3.
[48] Vgl. Ernst/Schneider/Thielen (2012), S. 3.
[49] Vgl. Ernst/Schneider/Thielen (2012), S. 3.
[50] Vgl. Ernst/Schneider/Thielen (2012), S. 3.

Tabelle 1: Arten von Reproduktionswerten[51]

Bruttoreproduktionsneuwert: $\sum$ betriebsnotwendige Vermögenswerte zu Wiederbeschaffungskosten (=Reproduktionskosten)
Nettoreproduktionsneuwert: Bruttoreproduktionsneuwert abzüglich Verbindlichkeiten
Nettoreproduktionsaltwert: Nettoreproduktionsneuwert abzüglich Afa
Teilreproduktionswert: $\sum$ bilanzierte materielle Vermögenswert+$\sum$ einzeln bewertbare und verkehrsfähige immaterielle Vermögenswerte
Vollreproduktionswert: Teilreproduktionswert+$\sum$ übrige immaterielle Vermögenswerte

Die Basis des Substanzwertes auf Reproduktionswerten ist der Bruttoreproduktionsneuwert.[52] Hier werden lediglich die einzelnen betriebsnotwendigen Vermögensgegenstände zu Wiederbeschaffungskosten bewertet und ohne Berücksichtigung des Wertes der Schulden aufsummiert.[53]

Im Nettoreproduktionsneuwert wird die Summe der betriebsnotwendigen Substanzwerte mit den Verbindlichkeiten saldiert.[54] Durch den Nettoreproduktionsaltwert (Wiederbeschaffungsaltwert/Zeitwert) wird die zeitlich entstandene Abnutzung der Substanzwerte erfasst, indem die Abschreibung von abnutzbaren Wirtschaftsgütern vom Nettoreproduktionsneuwert subtrahiert wird.[55] Da die bis jetzt genannten Reproduktionswertarten nur Buchwerte ausdrücken, jedoch nicht Wiederbeschaffungswerte, worauf sich der Substanzwert als Reproduktionswert eigentlich beruft, ist der Teil- und Vollreproduktionswert anzuführen.[56]

Beim Teilreproduktionswert wird die Summe der bewerteten materiellen, betriebsnotwendigen Vermögensgegenstände um die bewertbaren, verkehrsfähigen, immateriellen Vermögensgegenstände erweitert.[57] Dieser soll eine Erleichterung gegenüber dem Vollreproduktionswert darstellen, da immaterielle Vermögensgegenstände, wie z.B. Know-how, Image und Kundenstamm nur schwer bewertbar sind.[58] Der Vollrekonstruktionswert bewertet materielle und immaterielle Vermögensgegenstände und summiert diese auf.[59]

---

[51] Quelle: In Anlehnung an Ernst/Schneider/Thielen (2012), S. 3.
[52] Vgl. Ernst/Schneider/Thielen (2012), S. 3.
[53] Vgl. Ernst/Schneider/Thielen (2012), S. 3f.
[54] Vgl. Ernst/Schneider/Thielen (2012), S. 4.
[55] Vgl. Ernst/Schneider/Thielen (2012), S. 4.
[56] Vgl. Ernst/Schneider/Thielen (2012), S. 4.
[57] Vgl. Henselmann/Kniest (2015), S. 443.
[58] Vgl. Henselmann/Kniest (2015), S. 443.
[59] Vgl. Henselmann/Kniest (2015), S. 443.

Voll- und Teilreproduktionswert haben gewisse Probleme in sich. Der Vollreproduktionswert, weil eine Bewertung aller immateriellen Vermögensgegenstände komplex ist.[60] Und der Teilreproduktionswert, weil nicht alle immateriellen Vermögensgegenstände erfasst werden und dieser somit beschränkte Aussagekraft besitzt.[61]

2.1.3 Ausgabenersparniswert

Als letzte Variation der Einzelbewertungsverfahren ist noch auf den Ausgabenersparniswert einzugehen, der die Fortführung des Unternehmens voraussetzt.[62] Der Ausgabenersparniswert stellt die Ersparnisse durch bereits vorhandene Vermögensgegenstände dar.[63] Dabei werden die Nettoauszahlungsströme aus dem Unternehmen mit denjenigen eines ähnlichen Unternehmens (Vergleichsobjekt) verglichen.[64] Der Erwerb des bewerteten Unternehmens ist dann ökonomisch vorteilhaft, wenn die abgezinsten Auszahlungen des Vergleichsobjekts höher sind als die abgezinsten des bewerteten.[65]

Als Formel stellt sich der Auszahlungsersparniswert folgendermaßen dar:

$$(4.)\ UW_{AEW} = ABW_V - ABW_U = \left(A_{V0} + \sum_{t=1}^{\infty} \frac{A_{Vt}}{(1+i)^t} \right) - \sum_{t=1}^{\infty} \frac{A_{Ut}}{(1+i)^t}\ [66]$$

Mit:

UW_{AEW}	Unternehmenswert als Ausgabenersparniswert,
ABW_V	Ausgabenbarwert des Vergleichsobjekts,
ABW_U	Ausgabenbarwert des bewerteten Unternehmens,
A_{V0}	Auszahlungen des Vergleichsobjekts in Periode 0,
A_{Vt}	Auszahlungen des Vergleichsobjekts in Periode t,
A_{Ut}	Auszahlungen des bewerteten Unternehmens in Periode t,
i_{AEW}	Kalkulationszinsfuß im Ausgabenersparniswert.[67]

Da das Vergleichsobjekt erst noch neu angeschafft werden muss, müssen auch die Auszahlungen in Periode 0 einbezogen werden.[68]

Der sich ergebende positive Unternehmenswert stellt die bereits bestehenden Vermögensgegenstände des bewerteten Objektes dar.[69]

---

[60] Vgl. Henselmann/Kniest (2015), S. 443.
[61] Vgl. Henselmann/Kniest (2015), S. 443.
[62] Vgl. Matschke/Brösel (2013), S. 315.
[63] Vgl. Matschke/Brösel (2013), S. 315.
[64] Vgl. Matschke/Brösel (2013), S. 327.
[65] Vgl. Matschke/Brösel (2013), S. 327.
[66] Vgl. Matschke/Brösel (2013), S. 328.
[67] Vgl. Matschke/Brösel (2013), S. 328.
[68] Vgl. Matschke/Brösel (2013), S. 328.
[69] Vgl. Matschke/Brösel (2013), S. 327f.

2.2 Gesamtbewertungsverfahren

Die zweite Art von Bewertungsmethoden sind die Gesamtbewertungsverfahren. Diese messen den Wert eines Unternehmens nicht an einem Saldo aus Vermögensgegenständen und Schulden, wie die zuvor vorgestellten Einzelbewertungsverfahren, sondern an den zukünftigen Erträgen.[70] Die zu bewertenden Unternehmen werden als Investitionsobjekte betrachtet.[71] Diese Art der Anschauung von Unternehmen setzt voraus, dass dem Erwerber Cashflows/Erträge zufließen.[72] Das Betrachten zukünftiger Cashflows setzt eine Unternehmensplanung voraus, um Werte für Folgeperioden zu bestimmen.[73] Im Rahmen der Arbeit wird diese als bereits gegeben behandelt, da die Bewertung und nicht die Unternehmensplanung im Vordergrund steht.

Nach dem Prinzip der Gesamtbewertung stellen die zukünftig erzielbaren Überschüsse den Wert eines Unternehmens dar.[74] Die geplanten Erträge/Cashflows müssen folglich diskontiert werden.[75]

Es wird zwischen folgenden Gesamtbewertungsverfahren unterschieden:

Abbildung 2: Ausprägungen der Gesamtbewertungsmethoden[76]

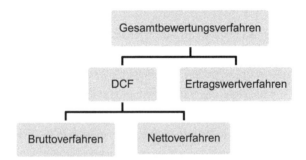

2.2.1 Ertragswertverfahren

Das Ertragswertverfahren und das aktueller bezeichnete Zukunftserfolgswertverfahren unterscheiden sich darin, dass der Zukunftserfolgswert die Subjektivität seiner Herangehensweise betont, indem auf die subjektiven Einzahlungsüberschüsse

---

[70] Vgl. Ballwieser/Hachmeister (2016), S. 8.
[71] Vgl. Ballwieser/Hachmeister (2016), S. 8.
[72] Vgl. Ballwieser/Hachmeister (2016), S. 8.
[73] Vgl. Ernst/Schneider/Thielen (2012), S. 13.
[74] Vgl. Ernst/Schneider/Thielen (2012), S. 27.
[75] Vgl. Ballwieser/Hachmeister (2016), S. 8.
[76] Quelle: In Anlehnung an Ballwieser/Hachmeister (2016), S. 8, 137.

an die Eigner eingegangen wird.[77] Dem Ertragswert hingegen werden durch das Institut der Wirtschaftsprüfer (IDW) typisierte/objektivierte Annahmen zugrunde gelegt.[78] Dadurch, dass der Unterschied zwischen den beiden Bezeichnungen nur in der Konzeption liegt, wird im Fortlauf der Arbeit nicht zwischen den Ausdrücken unterschieden und es wird ausschließlich der Begriff Ertragswertverfahren verwendet.

Der Ertrag stellt die Zuflüsse, die dem Eigentümer eines Unternehmens zustehen, dar.[79] Diese werden zur Unternehmenswertberechnung diskontiert.[80] Da jedes Verfahren der Gesamtbewertung eine Prognose voraussetzt,[81] wird diese an dieser Stelle behandelt. Der zukünftige Ertrag muss durch eine sorgfältige Vergangenheitsanalyse prognostiziert werden.[82] Um eine ungefähre Vorhersage über die Höhe zukünftiger Ertragswerte durchzuführen, sind beeinflussende Komponente wie Prognoselaufzeit, Höhe der Nettozahlungen und Abzinsungssätze zu beachten.[83]

Vor der Bewertung eines Unternehmens mithilfe der Ertragswertmethode ist die Vergangenheit des Unternehmens auf vereinzelte Punkte, z.B. bestehende Verträge, Produktpaletten, Marktposition, finanzielle Stellung, Alleinstellungsmerkmale sowie Stärken und Schwächen des Unternehmens zu analysieren.[84] Hierzu ist die Strength-Weaknesses-Opportunities-Threats (SWOT)-Analyse behilflich und vergangene Jahresabschlüsse.[85] Durch die GuV und Bilanzen aus der Vergangenheit können wichtige Faktoren zur Prognose gewonnen werden:[86]

Abbildung 3: Daten aus vergangenen GuV und Bilanzen[87]

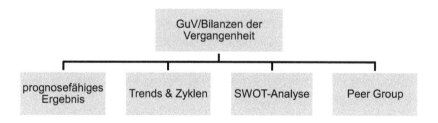

---

[77] Vgl. Maschke/Brösel (2013), S. 244f.
[78] Vgl. Maschke/Brösel (2013), S. 245.
[79] Vgl. Ballwieser/Hachmeister (2016), S. 13.
[80] Vgl. Ballwieser/Hachmeister (2016), S. 13.
[81] Vgl. Ernst/Schneider/Thielen (2012), S. 13.
[82] Vgl. Dukarczyk/Schüler (2016), S. 125; Moxter (1983), S. 97-101.
[83] Vgl. Ballwieser/Hachmeister (2016), S. 13.
[84] Vgl. Ballwieser/Hachmeister (2016), S. 17f.
[85] Vgl. Ballwieser/Hachmeister (2016), S. 18; Dukarczyk/Schüler (2016), S. 125.
[86] Vgl. Henselmann/Kniest (2015), S. 120.
[87] Quelle: In Anlehnung an Henselmann/Kniest (2015), S. 120.

Dadurch, dass mit zunehmendem Planungszeitraum immer ungenauere Schätzungen über zukünftige Erträge möglich sind, bietet es sich an, den Zeitraum der Prognose in bis zu drei Phasen zu unterteilen:[88]

1. Detailplanungsphase: In den ersten Planungsjahren können durch die Daten der Vergangenheit relativ genaue Ertragswertschätzungen angestellt werden.[89]

2. Mittelfristiger Prognosebereich: Durch die größere Prognosespanne ist es nicht mehr möglich und praktikabel genaue Schätzungen anzugeben, jedoch können aus markttechnischen Analysen günstige und/oder ungünstige Entwicklungen ausgemacht werden.[90] Diese Phase wird in dieser Arbeit nicht verwendet, weil die Genauigkeit der Fallbeispiele zu gering für eine dreistufige Prognose ist.

3. Rentenphase: Durch die Unvorhersehbarkeit der Ertragsentwicklung in ferner Zukunft ist eine genaue oder begründete Schätzung nicht mehr möglich.[91] Hierbei werden oft zur Abhilfe die Daten aus Phase zwei übernommen und über einen unendlich langen Zeitraum hinweg, gegebenenfalls (ggf.) mit einer vom spezifischen Fall abhängigen Wachstumsrate fortgeschrieben.[92] Auch wenn dieser Wert sehr ungenau ist macht er einen großen Anteil vom Unternehmenswert aus und ist somit mit Bedacht durchzuführen.[93] Er wird auch als Terminal Value (TV) oder Fortführungswert bezeichnet.[94] Im Kapitel 3 wird dieser mit dem Durchschnitt aus den Werten der Detailplanungsphase angesetzt, da die theoretische, einwandfreie Ertragsplanung nicht Ziel der Arbeit ist.

Die Unternehmensplanung und Prognose werden im Lauf der Arbeit als gegeben betrachtet, da sie in der Praxis bereits vor der Bewertung stattgefunden hat.

Die in der Arbeit angewandte Formel für den Ertragswert und alle anderen Gesamtbewertungsverfahren ist ein zweistufiges Phasenmodell, denn es wird zwischen der ersten Phase (Detailplanungsphase) und der Rentenphase unterschieden. Dadurch wird die mögliche endliche Lebensdauer eines Unternehmens und das normalerweise variable Wachstum berücksichtigt.[95]

---

[88] Vgl. Dukarczyk/Schüler (2016), S. 127.
[89] Vgl. Dukarczyk/Schüler (2016), S. 127.
[90] Vgl. Dukarczyk/Schüler (2016), S. 127.
[91] Vgl. Dukarczyk/Schüler (2016), S. 127.
[92] Vgl. Dukarczyk/Schüler (2016), S. 127.
[93] Vgl. Dukarczyk/Schüler (2016), S. 127f.
[94] Vgl. Dukarczyk/Schüler (2016), S. 127f.
[95] Vgl. Ballwieser/Hachmeister (2016), S. 66.

Das Phasenmodell für den Ertragswert stellt sich wie folgt dar:

$$(5.)\ UW_{EW} = \sum_{t=1}^{T} \frac{E_t}{(1+i)^t} + \frac{E_{T+1}}{i(1+i)^T}\ {}^{96}$$

Mit:

UW_{EW}	Unternehmenswert als Ertragswert,
E_t	sicherer Ertrag in Periode t,[97]
i	Kapitalisierungszinssatz,[98]
t	Periodenindex,
T	Planungshorizont,[99]
E_{T+1}	ab Periode T+1 stagnierende Ertragsgröße.[100]

Dadurch, dass das Ertragswertverfahren den Wirtschaftsprüfern, in ihrer Rolle des unparteiischen Gutachters, vorgeschrieben war, ist es in Deutschland das am meisten verbreitete Verfahren gewesen.[101]

2.2.2 DCF-Verfahren

Der starke angloamerikanische Einfluss und der Umschwung zum Shareholder Value-Ansatz im Managementbereich hat dazu geführt, dass neben dem Ertragswertverfahren auch die Discounted-Cashflow (DCF)-Konzepte vom IDW als Alternative geduldet werden.[102] Bei den DCF-Methoden werden, ähnlich wie beim Ertragswertverfahren, zukünftige Cashflows ermittelt und diskontiert.[103]

Die DCF-Verfahren existieren in verschiedenen Ausprägungen. Grundsätzlich werden sie in Entity- und Equity-Ansätze, auch Brutto- und Nettoverfahren genannt, unterteilt.[104] Dies resultiert daraus, dass beide Ansätze unterschiedliche Cashflows zur Bewertung verwenden.[105] Das Bruttoverfahren wiederum weist erneut unterschiedliche Ausprägungen aus. Diese werden in Abbildung 4 aufgezeigt und in nachfolgenden Kapiteln näher erläutert.

---

[96] Vgl. Ballwieser/Hachmeister (2016), S. 69.
[97] Vgl. Ballwieser/Hachmeister (2016), S. 67.
[98] Vgl. IHK-Hannover (2017), S. 4f.
[99] Vgl. Ballwieser/Hachmeister (2016), S. 67.
[100] Vgl. Ballwieser/Hachmeister (2016), S. 69.
[101] Vgl. Ernst/Schneider/Thielen (2012), S. 10.
[102] Vgl. Ernst/Schneider/Thielen (2012), S. 10.
[103] Vgl. Schmidlin (2013), S. 145.
[104] Vgl. Drukarczyk/Schüler (2016), S. 99; Ballwieser/Hachmeister (2016), S. 137f.
[105] Vgl. Ernst/Schneider/Thielen (2012), S. 29.

Abbildung 4: Unterteilung der DCF-Verfahren[106]

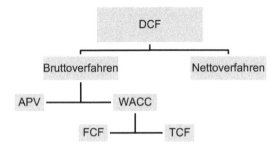

2.2.2.1 Bruttoverfahren

Beim Bruttoverfahren wird zuerst der Wert des gesamten Kapitals eines Unternehmens errechnet und dann der Wert des Eigenkapitals (EK) durch Subtrahieren des Fremdkapitals (FK).[107] Da die Unterscheidung des FKs und EKs in Buchwerte und Marktwerte die Arbeit unnötig verkompliziert und dies nicht die Zielsetzung der Arbeit behindert, wird nicht zwischen Buch- und Marktwerten der Kapitalbestände unterschieden. Die Entity-Ansätze Adjusted Present Value (APV) und Weighted Average Cost of Capital (WACC) diskontieren den Free Cashflow (FCF) bei Eigenfinanzierung.[108]

Zuerst ist eine kurze Definition des FCF erforderlich. Dieser ergibt sich aus:

$$EBIT$$
$$-adaptierte\ Steuern[109]$$
$$= NOPLAT$$
$$+Afa + Mehrung\ (-Minderung)\ Rückstellungen$$
$$= operativer\ Brutto - Cashflow$$
$$-I_{AV} + Di_{AV} - \Delta WC$$
$$= FCF[110]$$

Mit:

EBIT	Ergebnis vor Zinsen und Steuern,
NOPLAT	operatives Ergebnis vor Zinsen und nach adaptierten Steuern,

---

[106] Quelle: In Anlehnung an Ballwieser/Hachmeister (2016), S. 137.
[107] Vgl. Ballwieser/Hachmeister (2016), S. 138.
[108] Vgl. Drukarczyk/Schüler (2016), S. 109.
[109] Adaptierte Steuern: Fiktive Steuern bei reiner Eigenfinanzierung mit nur betriebsbedingtem Aufwand.
[110] Vgl. Ernst/Schneider/Thielen (2012), S. 32.

Afa	Absetzung für Abnutzung,
I_{AV}	Investitionen in das Anlagevermögen,
Di_{AV}	Desinvestitionen des Anlagevermögens,
ΔWC	Veränderung des Working Capital/Netto-Umlaufvermögens,
FCF	Free-Cashflow.[111]

Die Berechnung des FCF verdeutlicht, dass er eine Bruttogröße ist, da Finanzierungsaufwand völlig unberücksichtigt bleibt.[112] Durch den APV/WACC-Ansatz bewertete Unternehmen werden somit in einen operativen und finanziellen Bereich unterteilt.[113] Wobei der operative durch die Höhe des FCF und der finanzielle durch den Diskontierungszinssatz ausgedrückt wird.[114] Wie der Ertragswert, der aus der Unternehmensplanung hervorgeht, wird auch der FCF als gegeben betrachtet, mit Hinweis auf Begründung aus 2.2.1.

Das APV-Verfahren:

Das APV-Verfahren trennt die Bewertung der Zahlungsströme des Unternehmens.[115] Als Leitsatz des APV kann die Aussage, „Zerlege und bewerte!"[116], herangezogen werden. Das Verfahren summiert den Wert des EKs/Gesamtkapitals (GK) des unverschuldeten Unternehmens, der durch Diskontieren des FCF mit den Eigenkapitalkosten eines rein unverschuldeten Unternehmens berechnet wird, mit dem Wert der Fremdfinanzierung, der aus Steuervorteilen entsteht.[117] Von dieser Summe wird der Wert des FKs subtrahiert, um den Unternehmenswert zu errechnen.[118]

Grundsätzlich berechnet sich der Unternehmenswert durch das APV-Verfahren wie folgt:

$$(6.)\ UW_{APV} = GK^u + V^s - FK \text{[119]}$$

Mit:

UW_{APV}	Unternehmenswert anhand des APV-Ansatzes,
GK^u	Gesamtkapital des unverschuldeten Unternehmens,
V^s	Steuervorteile aus Verschuldung/Tax-Shield (TS),

---

[111] Vgl. Ernst/Schneider/Thielen (2012), S. 32f.
[112] Vgl. Ernst/Schneider/Thielen (2012), S. 34.
[113] Vgl. Ernst/Schneider/Thielen (2012), S. 34.
[114] Vgl. Ernst/Schneider/Thielen (2012), S. 34.
[115] Vgl. Ballwieser/Hachmeister (2016), S. 139.
[116] Drukarczyk/Schüler (2016), S. 171.
[117] Vgl. Ballwieser/Hachmeister (2016), S. 139.
[118] Vgl. Ballwieser/Hachmeister (2016), S. 139.
[119] Vgl. Ballwieser/Hachmeister (2016), S. 140.

FK Marktwert des Fremdkapitals.[120]

Der Steuervorteil entsteht dadurch, dass die laufenden Zinszahlungen nach § 275 Abs. 2 Nr. 13 Handelsgesetzbuch (HGB) in der Gewinn- und Verlustrechnung (GuV) als Aufwand ausgewiesen werden und somit den Jahresüberschuss bzw. die Besteuerungsgrundlage mindern.[121]

Der Wert des Steuervorteils aus Fremdfinanzierung lässt sich mathematisch folgendermaßen ausdrücken:

$$(7.)\ V^s\ =\ sr_{FK}FK \text{[122]}$$

Mit:

s Unternehmenssteuersatz,

r_{FK} durchschnittliche Fremdkapitalkosten/Renditeforderungen der FK-Geber (Fremdkapitalgeber).[123]

Im Phasenmodell wird das TS mit den durchschnittlichen FK-Kosten abgezinst.[124] Der Unternehmenssteuersatz resultiert aus der Addition von Gewerbesteuersatz und Körperschaftsteuersatz.[125] Es wird von einem universellen GewSt-Satz (Gewerbesteuersatz) in Höhe von (i.H.v.) 14% (400%x3,5%) und einem KSt-Satz (Körperschaftsteuersatz) von 15,825% (15%+ Solidaritätszuschlag 5,5% auf 15%) ausgegangen.[126] Dadurch, dass gem. § 8 Nr. 1 a) Gewerbesteuergesetz (GewStG) 0,25% der Entgelte/Zinszahlungen für FK auf die Bemessungsgrundlage hinzugerechnet werden müssen, aber Zinsen für Verbindlichkeiten nicht bei der Ermittlung des FCF berücksichtigt werden,[127] ist der GewSt-Satz nur zu 75% anzusetzen.

In Summe beträgt der Unternehmenssteuersatz demnach:

$$(8.)\ s\ =\ 0,75 \times 14,00\% + 15,825\% = 26,325\%. \text{[128]}$$

Die persönliche Einkommensteuer der Unternehmenseigentümer wird im Laufe der Arbeit vernachlässigt, weil die Bewertung nur auf Unternehmensebene betrachtet wird.

[120] Vgl. Ballwieser/Hachmeister (2016), S. 140.
[121] Vgl. Pummer (2015), S. 92.
[122] Vgl. Ballwieser/Hachmeister (2016), S. 143.
[123] Vgl. Ballwieser/Hachmeister (2016), S. 143.
[124] Vgl. Ballwieser/Hachmeister (2016), S. 158.
[125] Vgl. Ernst/Schneider/Thielen (2012), S. 118.
[126] Vgl. Ernst/Schneider/Thielen (2012), S. 115.
[127] Vgl. Ernst/Schneider/Thielen (2012), S. 34.
[128] Vgl. Ernst/Schneider/Thielen (2012), S. 118.

Im Phasenmodell berechnet sich der Unternehmenswert durch die APV-Methode wie folgt:

$$(9.)\ UW_{APV} = \sum_{t=1}^{T} \frac{FCF_t}{(1+r_{EK}^u)^t} + \frac{FCF_{T+1}}{r_{EK}^u(1+r_{EK}^u)^T}$$

$$+ \sum_{t=1}^{T} \frac{sr_{FK}FK_{t-1}}{(1+r_{FK})^t} + \frac{sr_{FK}FK_T}{r_{FK}(1+r_{FK})^t} - MW_{FK}\ ^{129}$$

Mit:

GK^v Gesamtkapital des verschuldeten Unternehmens,

FCF_t Free-Cashflow in Periode t,

r_{EK}^u Renditeforderungen der EK-Geber des unverschuldeten Unternehmens,

FCF_{T+1} Terminal Value des FCF.[130]

Die Eigenkapitalkosten bzw. die Renditeforderung der EK-Geber (Eigenkapitalgeber) wird oft mit der Capital Asset Pricing Model (CAPM)-Methode berechnet:[131]

$$(10.)\ r_{EK}^u = i_B + ((R_M - i_B) \times \beta)^{132}$$

Mit:

i_B risikofreier Zinssatz anhand von Anleihen (Staatsanleihen),

R_M langfristige Aktienrendite (z.B. DAX),

β Volatilität/Risiko der Anlage/des unverschuldeten Unternehmens.[133]

Bei der Berechnung des Unternehmenswertes mit dem APV wird das Tax-Shield (TS) in dieser Arbeit unter autonomer Finanzierung bestimmt. Das bedeutet die Fremdkapitalbestände sind fest bestimmt und ändern sich nicht.[134] Dies wird als F-Modell bezeichnet.[135] Zudem muss das TS diskontiert werden, um den Barwert zu errechnen.[136]

Das WACC-Verfahren:

Neben dem APV-Verfahren existiert noch der WACC-Ansatz als Bruttoverfahren.[137]

Das WACC-Verfahren ist international gesehen wahrscheinlich das meist benutzte

[129] Vgl. Ballwieser/Hachmeister (2016), S. 158.
[130] Vgl. Ballwieser/Hachmeister (2016), S. 158.
[131] Vgl. Wiehle u.a. (2010), S. 24.
[132] Vgl. Wiehle u.a. (2010), S. 24; in den meisten Fällen der Arbeit ist die Renditeforderung der EK-Geber pauschal gegeben, da die Berechnung der EK-Kosten keine zentrale Rolle spielt.
[133] Vgl. Wiehle u.a. (2010), S. 23f.
[134] Vgl. Kruschwitz/Löffler/Essler (2009), S. 81.
[135] Vgl. Ballwieser/Hachmeister (2016), S. 156.
[136] Vgl. Ballwieser/Hachmeister (2016), S. 156.
[137] Vgl. Ballwieser/Hachmeister (2016), S. 137.

DCF-Verfahren.[138] Im Gegensatz zum APV-Verfahren diskontiert der WACC-Ansatz den FCF mithilfe der gewichteten Kapitalkosten und nicht mit den Renditeforderungen der Eigenkapitalgeber.[139] Gewichtet, weil die Eigen- und Fremdkapitalkosten mit dem jeweiligen Anteil am Gesamtkapital angesetzt werden.[140] Dieser gewichtete Kapitalkotensatz oder auch kurz WACC genannt errechnet sich folgendermaßen:

$$(11.) \; WACC_t = r_{EK}^v \times \frac{EK}{GK^v} + r_{FK} \times (1 - s) \times \frac{FK}{GK^v} \text{[141]}$$

Mit:

$WACC_t$ gewichtete Kapitalkosten in Periode t,

r_{EK}^v Eigenkapitalkosten des verschuldeten Unternehmens,

r_{FK} Fremdkapitalkosten,

EK Eigenkapital,

FK Fremdkapital. [142]

Die Renditeforderung der EK-Geber eines verschuldeten Unternehmens unterscheidet sich von der eines unverschuldeten, weil die EK-Geber nach Modigliani/Miller eine Risikoprämie für das Finanzierungsrisiko fordern:[143]

$$(12.) \; r_{EK}^v = r_{EK}^u + (r_{EK}^u - r_{FK}) \times \frac{FK}{EK} \text{[144]}$$

Mit:

r_{EK}^u Renditeforderungen der EK-Geber eines unverschuldeten Unternehmens. [145]

Der FCF-Ansatz:

Dadurch, dass in der Berechnung des Diskontierungszinssatzes die Fremdkapitalkosten mit einbezogen werden, werden die Steuervorteile im Nenner berücksichtigt.[146] Diese Ausprägung des WACC nennt man auch Free-Cashflow-Ansatz.[147]

---

[138] Vgl Drukarczyk/Schüler (2016), S. 198.
[139] Vgl. Ernst/Schneider/Thielen (2012), S. 28.
[140] Vgl. Ernst/Schneider/Thielen (2012), S. 28.
[141] Vgl. Ernst u.a. (2012), S. 70.
[142] Vgl. Ernst u.a. (2012), S. 71.
[143] Vgl. Drukarczyk/Schüler (2016), S. 88f.
[144] Vgl. Drukarczyk/Schüler (2016), S. 89; in den meisten Fällen der Arbeit wird die Renditeforderung der EK-Geber pauschal gegeben, da die Berechnung der EK-Kosten keine zentrale Rolle spielt.
[145] Vgl. Drukarczyk/Schüler (2016), S. 89.
[146] Vgl. Matschke/Brösel (2016), S. 713.
[147] Vgl. Matschke/Brösel (2016), S. 713.

Der Unternehmenswert im FCF-Ansatz als Phasenmodell stellt sich folgendermaßen dar:

$$(13.)\ UW^{FCF} = EK^v = \sum_{t=1}^{T} \frac{FCF_t}{(1+k_s)^t} + \frac{FCF_{T+1}}{k_s(1+k_s)^T} - FK \ {}^{148}$$

Mit:

UW^{FCF} Unternehmenswert beim FCF-Ansatz,

EK^v Eigenkapitalwert des verschuldeten Unternehmens,

k_s steuerkorrigierter Durchschnittsgesamtkapitalkostensatz/WACC.[149]

Da zur Berechnung des WACC die Eigenkapitalquote benötigt wird, aber der Unternehmenswert auch der Marktwert des EKs ist besteht ein sogenanntes Zirkularitätsproblem.[150] Dieses kann gelöst werden, indem die Formel für die Renditeforderung der EK-Geber eines verschuldeten Unternehmens[151] in die Formel des WACC eingesetzt wird.[152] Daraus folgt:

$$(14.)\ k_s = r_{EK}^u \left(1 - s \times \frac{FK}{GK}\right). \ {}^{153}$$

Der TCF-Ansatz:

Beim TCF-Ansatz wird, nicht wie beim APV- oder WACC-Verfahren der FCF abgezinst, sondern der sogenannte Total-Cashflow (TCF).[154] Dieser berücksichtigt die richtigen Steuern des Unternehmens.[155] Der TCF ergibt sich aus Addieren des TS zum FCF:

$$(15.)\ TCF = FCF + TS {}^{156}$$

Mit:

TS Tax-Shield/Steuervorteil aus Fremdfinanzierung.[157]

Da das TS bereits im Zähler berücksichtigt wird, geschieht dies im WACC nicht.

Der WACC berechnet sich wie folgt:

$$(16.)\ k_{TCF} = r_{EK}^v \frac{EK}{GK} + r_{FK} \frac{FK}{GK}$$

---

[148] Vgl. Matschke/Brösel (2016), S. 714.
[149] Vgl. Matschke/Brösel (2016), S. 714.
[150] Vgl. Matschke/Brösel (2016), S. 714.
[151] Siehe Formel r_{EK}^v auf S. 15.
[152] Vgl. Matschke/Brösel (2016), S. 714f.
[153] Vgl. Matschke/Brösel (2016), S. 715.
[154] Vgl. Ballwieser/Hachmeister (2016), S. 138.
[155] Vgl. Ballwieser/Hachmeister (2016), S. 139.
[156] Vgl. Ballwieser/Hachmeister (2016), S. 138.
[157] Vgl. Ballwieser/Hachmeister (2016), S. 138.

Mit:

k_{TCF} WACC im TCF-Ansatz.[158]

Da diese Ausprägung des Bruttoverfahren selten in der Praxis angewandt wird,[159] wird in Kapitel 2 nicht näher auf den TCF-Ansatz eingegangen.

2.2.2.2 Nettoverfahren

Neben den Bruttoverfahren existiert noch das Nettoverfahren im Bereich der DCF-Methoden.[160] Im Gegensatz zu den bereits behandelten DCF-Verfahren werden beim Equity-Ansatz nur Zahlungsüberschüsse diskontiert, die den EK-Gebern zustehen.[161] Die Kosten für Fremdfinanzierung werden im Gegenzug zum APV-/WACC-Ansatz mit in die Berechnung der Überschüsse einbezogen.[162] Dieser Zahlungsstrom wird Flow to Equity (FTE) genannt.[163] Dieser ergeht aus folgendem Rechenschema:

$$EBIT$$
$$-Fremdkapitalzinsen$$
$$= EBT$$
$$-Unternehmenssteuern$$
$$= \underline{Operatives\ Ergebnis\ nach\ Steuern}$$
$$+Afa$$
$$+Mehrung/(-Minderung)Rückstellungen$$
$$-I_{AV} + Di_{AV}$$
$$-\Delta WC$$
$$-Tilgungen\ (+Aufnahme)von\ FK$$
$$= \underline{FTE}\text{[164]}$$

Mit:

EBT Operatives Ergebnis vor Steuern.[165]

Wie beim FCF wird zu Beginn das EBIT als Ausgangsgrundlage verwendet.[166] Zuerst werden die Zinsen auf das FK subtrahiert.[167]

---

[158] Vgl. Ballwieser/Hachmeister (2016), S. 189.
[159] Vgl. Ernst/Schneider/Thielen (2012), S. 35.
[160] Vgl. Ballwieser/Hachmeister (2016), S. 137.
[161] Vgl. Ernst u.a. (2012), S. 134.
[162] Vgl. Ernst u.a. (2012), S. 134.
[163] Vgl. Ernst u.a. (2012), S. 134.
[164] Vgl. Ernst u.a. (2012), S. 134.
[165] Vgl. Ernst u.a. (2012), S. 134.
[166] Vgl. Ernst u.a. (2012), S. 134.
[167] Vgl. Ernst u.a. (2012), S. 134.

Daraufhin werden die Unternehmenssteuern mit dem EBT als Berechnungsgrundlage abgezogen.[168] Dadurch, dass die Fremdkapitalzinsen bei der Berechnung des EBT berücksichtigt worden sind wirkt sich das Tax-Shield bereits in der FTE-Berechnung aus, da sie die Bemessungsgrundlage für die Unternehmenssteuern, das EBT, verringern.[169] Da der FTE nur die Überschüsse an EK-Geber definiert, werden anschließend Tilgungen und FK-Aufnahmen, sprich die Bestandsveränderungen des FKs, mit einbezogen.[170]

Bei gegebenen FCF kann der FTE auch direkt berechnet werden:

$$FCF$$
$$-Fremdkapitalzinsen$$
$$+TS - Tilgungen\ (+Aufnahme\ )von\ FK$$
$$= FTE^{[171]}$$

Das Equity-Verfahren verwendet als Diskontierungszins die Eigenkapitalkosten, weil nur Überschüsse, die EK-Gebern zustehen, betrachtet werden.[172] Es wird also der Zahlungsstrom diskontiert, der für Dividenden oder bei personenbezogenen Unternehmen, für Privatentnahmen, genutzt werden kann.[173] Diese werden mit kapitalmarktorientierten Eigenkapitalkosten, welche über die in 2.2.2 gezeigte CAPM-Methode ermittelt werden, abgezinst.[174]

Der Unternehmenswert im FTE-Verfahren als Phasenmodell errechnet sich wie folgt:

$$(17.)\ UW_{FTE} = \sum_{t=1}^{T} \frac{FTE_t}{(1 + r_{EK}^v)^t} + \frac{FTE_{T+1}}{r_{EK}^v(1 + r_{EK}^v)^T}\ ^{[175]}$$

Mit:

UW_{FTE} Unternehmenswert im FTE-Ansatz,

FTE_{T+1} Terminal Value des FTE.[176]

Wahlweise kann auch das nicht betriebsnotwendige Vermögen zum Unternehmenswert addiert werden.[177]

---

[168] Vgl. Ernst u.a. (2012), S. 134.
[169] Vgl. Ernst u.a. (2012), S. 134.
[170] Vgl. Ernst u.a. (2012), S. 134f.
[171] Vgl. Ernst u.a. (2012), S. 135.
[172] Vgl. Wiehle u.a. (2010), S. 46.
[173] Vgl. Pummerer (2015), S. 81.
[174] Vgl. Pummerer (2015), S. 81.
[175] Vgl. Matschke/Brösel (2013), S. 725.
[176] Vgl. Matschke/Brösel (2013), S. 725.
[177] Vgl. Wiehle u.a. (2010), S. 47.

Da dieses hauptsächlich bei Verkaufswillen angesetzt wird,[178] ist es nicht obligatorisch in die Formel mit aufzunehmen.

3 Spezifische Eignung von Einzel- und Gesamtbewertungsverfahren

Im Kapitel 3 werden Angaben vom Autor und Angaben aus anderen Quellen verwendet. Fremde Angaben sind durch Fußnoten gekennzeichnet.

3.1 Einzelbewertungsverfahren

In Kapitel 3.1 werden die Einzelbewertungsverfahren auf ihre situative Praxiseignung hin anhand von fiktiven Fällen überprüft.

3.1.1 Liquidationsverfahren

Zuerst ist das Liquidationsverfahren auf seine situative Eignung hin zu analysieren. Im Fallbeispiel 1 wird vom Szenario ausgegangen, dass ein Unternehmen geringe Gewinne und niedrige Überschüsse aufweist. Außerdem kämpft es mit zu starkem Konkurrenzdruck und hat eine schwache Marktstellung. Deshalb entschließt sich der Eigner das Unternehmen zu veräußern. Folgende, für die Ermittlung des Liquidationswertes, benötigte Daten sind bekannt:

Tabelle 2: Daten zu Fallbeispiel 1: Vermögen[179]

Bezeichnung	BW	Liquidationswert
Selbst erstelltes Patent	1.400	1.500
Bebautes Grundstück	1.500	1.800
Technische Anlagen	500	350
Geschäftsausstattung	150	50
Wertpapiere	100	170
Vorräte	350	300
Forderungen	500	250
Kasse	60	60

Tabelle 3: Daten zu Fallbeispiel 1: Schulden[180]

Bezeichnung	BW
Bankkredite	1.600
Verbindlichkeiten	400
Gewährleistungsrückstellungen	50
Instandhaltungsrückstellungen	100

---

[178] Vgl. Matschke/Brösel (2013), S. 314.
[179] Quelle: In Anlehnung an Henselmann/Kniest (2015), S. 441.
[180] Quelle: In Anlehnung an Henselmann/Kniest (2015), S. 441.

Weiterhin ist bekannt:

Versteigerungskosten für Geschäftsausstattung und Vorräte i.H.v. 10,00%,

Verb. für Mieträume (70),

Sozialplankosten wegen Personalentlassung (250),

Sonstige Kosten (40).[181] Da die Liquidationserlöse gegeben sind und selbst erstellte immaterielle Patente gem. § 248 Abs. 2 HGB dem Bilanzierungsverbot unterliegen, sind die Buchwerte der Bilanz nicht zu verwenden.

Der Liquidationserlös im Fallbeispiel 1 berechnet sich wie folgt:

$$(1.500 + 1.800 + 350 + 0,9 \times 50 + 170 + 0,9 \times 300 + 250 + 60) - (1.600 + 400 + 50 + 100 + 70 + 250 + 40) = 1.935.^{182}$$

Der Liquidationswert ist fast immer vom vorhandenen Zerschlagungszeitraum und der Marktsituation für entsprechende Güter abhängig.[183] Dadurch können Liquidationswerte auch sehr stark je nach Verkaufssituation variieren.[184]

Er wird oft als Preisuntergrenze eines Unternehmenswertes angesehen, weil er den Wert anhand von den fast immer niedrigeren Marktpreisen für die Vermögensgegenstände festsetzt.[185]

Das Liquidationsverfahren eignet sich immer, wenn er den Fortführungswert, also den Substanzwert als Ausgabenersparniswert oder die Gesamtbewertungsverfahren, übersteigt.[186] Auch bei Insolvenz oder Sanierung von Unternehmen ist es sehr praktikabel,[187] weil für die Bewertung keine Planung benötigt wird.[188]

Deshalb ist diese Methode auch geeignet für kleine und mittlere Unternehmen (KMU), da in vielen Fällen keine Unternehmensplanung vom Eigentümer erstellt worden ist.[189]

3.1.2 Substanzwertverfahren auf Basis von Reproduktionswerten

Im Folgenden wird das zweite Einzelbewertungsverfahren, das Substanzwertverfahren oder auch Substanzwertverfahren auf Basis von Reproduktionswerten auf seine spezifische Eignung hin untersucht werden. Dies soll anhand des Teil- und

[181] Vgl. Henselmann/Kniest (2015), S. 441.
[182] Vgl. Henselmann/Kniest (2015), S. 442.
[183] Vgl. Matschke/Brösel (2013), S. 326.
[184] Vgl. Ernst/Schneider/Thielen (2012), S. 5.
[185] Vgl. IHK-Hannover (2017), S. 3.
[186] Vgl. Drukarczyk/Schüler (2016), S. 452.
[187] Vgl. Wiehle u.a. (2010), S. 32.
[188] Vgl. Ernst/Schneider/Thielen (2012), S. 13.
[189] Vgl. Pummerer (2015), S. 193.

Vollreproduktionswertes geschehen. Hierbei werden die in der Bilanz angesetzten Vermögenspositionen zu Wiederbeschaffungspreisen bewertet und mit den einzelnen immateriellen Vermögensgegenständen addiert. Davon werden die Verbindlichkeiten/Schulden subtrahiert.

Im Fallbeispiel 2 liegen folgende Daten vor:

Abbildung 5: Bilanz im Fallbeispiel 2[190]

A	Bilanz 31.12.t0		P
Geschäftswert	1.000 (1.300)	EK	11.000
Grundstücke	3.000 (3.000)	Verb.	16.000 (16.000)
Gebäude	20.000 (18.000)	Verb. a LuL	2.000 (2.000)
Maschine A	3.000 (4.000)		
Maschine B	5.000 (6.000)		
Wertpapiere AV	500 (600)		
RHB	600 (400)		
Kasse	100 (100)		

Beschaffungsmarktwerte bei Maschinen als Neupreis mit Abschlägen i.h. der Afa:

Maschine A (500),

Maschine B (700);

immaterielle, bewertbare Vermögensgegenstände:

Image (1.200),

Kundenstamm (400).[191]

Der Unternehmenswert als Netto-Teilreproduktionsaltwert errechnet sich wie folgt:

$$((1.300 + 3.000 + 18.000 + (4.000 - 500) + (6.000 - 700) + 600 + 400 + 100) + (1.200 + 400)) - (16.000 + 2.000) = 15.800,00.[192]$$

Dadurch, dass das Substanzwertverfahren auf Teilreproduktionsbasis dem Schema von Bilanz und oder Inventur folgt,[193] wird ebenfalls wie beim Liquidationswert keine Ertragsplanung benötigt.[194]

Bei Unternehmen mit bewertbaren, immateriellen Vermögensgegenständen kann das Substanzwertverfahren auf Reproduktionsbasis, v.a. mit dem Vollrekonstruktionswert, verwendet werden, um mit relativ geringem Aufwand einen höheren Unternehmenswert zu Argumentationszwecken zu erzielen. Jedoch können potentielle

---

[190] Quelle: In Anlehnung an Henselmann/Kniest (2015), S. 448.
[191] Vgl. Henselmann/Kniest (2015), S. 449.
[192] Vgl. Henselmann/Kniest (2015), S. 450.
[193] Vgl. Ballwieser/Hachmeister (2016), S. 10, 203.
[194] Vgl. Ernst/Schneider/Thielen (2012), S. 13.

Erwerber eines Unternehmens ebenfalls auf das Substanzwertverfahren auf Reproduktionsbasis zurückgreifen, um einen geringeren Übernahmepreis zu rechtferti-
gen. Dies ist möglich, wenn der Erwerber bereits eine starke Marktposition hat und
die einzelnen Vermögensgegenstände zu geringeren Preisen beschaffen kann.[195]
Variation 1 des Fallbeispiels 2 auf Vollrekonstruktionsbasis aus Verkäufersicht.

Zu den oben genannten Daten ist folgendes gegeben:

Patente (500),[196]

Selbst geschaffene Marken (300),

Lieferantenbeziehungen (200),

Know-How (500).

Das in Fallbeispiel 2 errechnete Ergebnis erhöht sich dadurch um +1.500:

$15.800 + 1.500 = 17.300,00.$

Der Verkäufer des Unternehmens kann durch ansetzen aller immateriellen Vermö-
genswerte einen höheren Unternehmenswert erzielen, ohne eine Ertragsplanung
anzufertigen.

Variation 2 des Fallbeispiels 2 auf Vollrekonstruktionsbasis aus Käufersicht.

Der Erwerber hat bereits Lieferantenbeziehungen mit einem Wert von 1.000, in de-
nen die Lieferanten des bewerteten Unternehmens enthalten sind (Unternehmenswert: -200).

Die Marken des Unternehmens sollen nicht fortgeführt werden (Unternehmenswert:
-300).

Das Know-How des erwerbenden Unternehmens ist mit 700 bewertet (Unternehmenswert: -500).

Gebäudebeschaffungspreis für den Käufer i.H.v. 15.000 → ΔPreis= 3.000 (Unternehmenswert: -3.000).

Grundstücksbeschaffungspreis für den Käufer i.H.v. 2.000 → ΔPreis= 1.000 (Unternehmenswert: -1.000).[197]

Der Unternehmenswert aus Sicht des potentiellen Käufers ist geringer, weil dieser
die Vermögensgegenstände billiger beschaffen kann und seine immateriellen Vermögensgegenstände höher zu bewerten sind:

$$17.300,00 - 200 - 300 - 500 - 3.000 - 1.000 = 12.300,00.$$

---

[195] Vgl. Henselmann/Kniest (2015), S. 444f.
[196] Vgl. Henselmann/Kniest (2015) S. 449.
[197] Vgl. Henselmann/Kniest (2015) S. 449.

Der Teilreproduktions- und Vollreproduktionswert können von Käufer und Verkäuferpositionen als Argumentationswert in Transaktionsverhandlungen verwendet werden. Der Käufer kann wegen einer starken Marktposition und großem Wettbewerbsvorteil über geringere Wiederbeschaffungspreise argumentieren, um den Argumentationswert möglichst klein anzusetzen. Und der Verkäufer, der keine Überschussplanung besitzt, kann neben den materiellen Vermögenswerten, die immateriellen ansetzen, um sein Unternehmen höher zu bewerten.

Da beim Substanzwertverfahren auf Vollreproduktionsbasis alle Vermögensgegenstände bewertet werden, stellt das Ergebnis die Obergrenze für alle Vermögensgegenstände eines Unternehmens dar.[198] Dies unterstreicht die Eignung als Argumentationswert bei Unternehmen ohne Überschussplanung. Dieses Verfahren ist zudem für Unternehmen mit großem Anlagevermögen und Unternehmen mit großem Bestand an immateriellen Vermögensgegenständen geeignet.[199]

3.1.3 Ausgabenersparniswert

Im Fallbeispiel 3 wird der Ausgabenersparniswert behandelt:

A ist Steuerberater und will sich nach einiger Zeit als Arbeitnehmer selbstständig machen. Sein ehemaliger Arbeitgeber B bietet ihm an, seine Kanzlei (Kanzlei B) vollentgeltlich zu erwerben. A hat sich bezüglich der Neugründung einer eigenen Steuerkanzlei informiert und kennt folgende Ausgaben:

Tabelle 4: Ausgaben des Vergleichsobjekts im Fallbeispiel 3[200]

Einmalige Investitionen in t0:	
Grundstück	40.000
Gebäude	200.000
Geschäftsausstattung	5.000
Software	1.000
Wiederkehrende Ausgaben ab t0:	
Personal	100.000
Gas, Strom, Wasser	2.000
Büromaterial	2.000
Anzeigen	1.000
Aufwand bei Neugründung in t0:	
Gewerbeanmeldung	100
Marketing	2.000

[198] Vgl. Henselmann/Kniest (2015) S. 445.
[199] Vgl. IHK-Hannover (2017), S. 3.
[200] Quelle: In Anlehnung an Matschke/Brösel (2013), S. 329.

Die Kanzlei des B weist die selben wiederkehrenden Ausgaben, nur ohne die jährlichen Kosten für Anzeigen auf, da sie bereits einen hohen Bekanntheitsgrad hat. Der risikolose Kalkulationszinsfuß liegt annahmegemäß bei 5%. Um den gleichen Gewinn wie Kanzlei B zu erwirtschaften kalkuliert A vier Jahre ein. Für A ergibt sich beim Vergleich einer Kanzleineugründung mit der Kanzlei folgender Ausgabenersparniswert:

$A_{V0} = (40.000 + 200.000 + 5.000 + 1.000 + 100.000 + 2.000 + 2.000 + 1.000 + 100 + 2.000) = 353.100.$[201]

Die auf die vier Planperioden zu diskontierenden Ausgaben des Vergleichsobjekts betragen in Summe: $100.000 + 2.000 + 2.000 + 1.000 = 105.000$.

Auf einen vier Jahre Planungszeitraum betragen diese:

$$A_{V1-4} = \frac{105.000}{(1+0,05)^1} + \frac{105.000}{(1+0,05)^2} + \frac{105.000}{(1+0,05)^3} + \frac{105.000}{(1+0,05)^4} = 372.324,81 \text{[202]}$$

Die künftigen Ausgaben des Bewertungsobjekts (Kanzlei B) betragen auf vier Jahre:

$$A_{U1-4} = \frac{104.000}{(1+0,05)^1} + \frac{104.000}{(1+0,05)^2} + \frac{104.000}{(1+0,05)^3} + \frac{104.000}{(1+0,05)^4} = 368.778,86 \text{[203]}$$

Der Ausgabenersparniswert bei der Übernahme der Kanzlei B beträgt:

$(353.100 + 372.324,81) - 368.778,86 = 356.645,95.$ [204]

Die Kanzlei des B kann vorgeleistete Substanzwerte i.H.v. 356.645,95 vorweisen.

Diese Vorteile entstehen größtenteils durch das bereits vorhandene Grundstück, das Gebäude und die Geschäftsausstattung sowie der Software. Zudem würden B bei einer Neugründung noch weitere Auszahlungen für Marketing (Logo, Homepage), die Gewerbeanmeldung und jährliche Anzeigen anfallen. Die Übernahme der Kanzlei des B ist also durchaus von Vorteil.

Anhand des Fallbeispiels 3 lässt sich folgern, dass die Substanzwertmethode als Ausgabenersparniswert sehr stark auf die Käufersicht fokussiert. Durch sie kann ein potentieller Erwerber abschätzen welche Ausgaben durch die Übernahme eines bereits etablierten Unternehmens gespart werden können und welche Substanzwerte bereits vorhanden sind.[205]

Die Methode ist sehr adäquat für Bewerter, die ein auszahlungsgleiches Bewertungssubjekt heranziehen können.

---

[201] Vgl. Matschke/Brösel (2013), S. 330.
[202] Vgl. Matschke/Brösel (2013), S. 330-332.
[203] Vgl. Matschke/Brösel (2013), S. 330-332.
[204] Vgl. Matschke/Brösel (2013), S. 329-332.
[205] Vgl. Matschke/Brösel (2013), S. 328.

Der Bewertungsansatz kann somit als Entscheidungswert für potentielle Käufer fungieren.

3.2 Gesamtbewertungsverfahren

In diesem Kapitel werden die Gesamtbewertungsverfahren in praktischen Fällen auf ihre Eignung hin analysiert.

Ertragswertverfahren:

Das Ertragswertverfahren diskontiert die reinen Zuflüsse, die dem Unternehmenseigner zufließen.[206] Im Fallbeispiel 4 möchte ein Einzelunternehmer E wissen, was sein Unternehmen wert ist, um einen Entscheidungswert bei möglichen Übernahmeangeboten zu kennen. Dies soll mithilfe einer rein zukunftsorientierten überschlägigen Ertragswertberechnung erfolgen.[207] Die Erfolgsplanung stellt folgende Daten zur Verfügung:

Tabelle 5: Erfolgsplanung des E[208]

Periode	1	2	3	4
EBIT	70.000	65.000	72.000	80.000

Weiterhin gegeben:

Geschäftsführergehalt a Periode (30.000),

Planmäßige Afa a Periode (8.000),

Kalkulatorische Miete a Periode (7.200).[209]

Die EBIT der vier Jahre sind folgendermaßen zu bereinigen:

Tabelle 6: Bereinigung der EBIT aus Fallbeispiel 4[210]

	1	2	3	4
EBIT	70.000	65.000	72.000	80.000
-Geschäfts-führergehalt	30.000	30.000	30.000	30.000
+Afa	8.000	8.000	8.000	8.000
-kalk. Miete	7.200	7.200	7.200	7.200
zu kapitalisie-rendes Ergebnis	40.800	35.800	42.800	50.800

---

[206] Vgl. Moxter (1983), S. 79.
[207] Vgl. IHK-Hannover (2017), S. 4.
[208] Quelle: Eigene Darstelleung.
[209] Vgl. Ballwieser/Hachmeister (2016), S. 33.
[210] Quelle: In Anlehnung an IHK-Hannover (2017), S. 5.

Der Kalkulationszinssatz[211] beträgt 12,00%.

Der Terminal-Value des Ertrags ab Periode 5 ist der Durchschnitt aus den vier einzelnen Planjahren: 42.550.

Der Unternehmenswert des E beträgt :

$$\frac{40.800}{(1+0,12)} + \frac{35.800}{(1+0,12)^2} + \frac{42.800}{(1+0,12)^3} + \frac{50.800}{(1+0,12)^4} + \frac{42.550}{(1+0,12)^5} = 151.860,63.\ [212]$$

Bei KMU, die eine Zukunftsplanung vorweisen können und zudem noch ein geringes Anlagevermögen aufweisen, ist das Ertragswertverfahren eine passende Bewertungsmethode. Außerdem ist das bereinigte EBIT als Diskontierungsgröße sehr adäquat für Unternehmen mit geringem Fremdkapitalbestand, da das Ergebnis nicht stark von Steuervorteilen beeinflusst wird. Der um nicht aus- und einzahlungswirksame Positionen bereinigte Überschuss stellt außerdem eine passende Größe für Einzelunternehmer dar, da für diese meistens der reine Zufluss bzw. Abfluss des Unternehmens eine Rolle spielt.[213]

Deshalb ist der Ertragswert ein guter Argumentationswert für den Verkäufer bei Transaktionsverhandlungen zwischen zwei Einzelunternehmern. Als Schlussbemerkung ist das vereinfachte Ertragswertverfahren anzusprechen, welches zur Ermittlung der Besteuerungsgrundlage in Erbschafts- oder Schenkungsfällen angewandt wird.[214] Dabei wird der Durchschnitt der bereinigten EBIT der letzten drei Jahre mit dem normierten Kapitalisierungsfaktor i.h.v. 13,75 multipliziert.[215]

3.2.1 DCF-Verfahren

In 3.2.2 werden die DCF-Verfahren auf ihre spezifische Eignung hin untersucht, mit der gleichen Unterscheidung der einzelnen Ausprägungen wie in Kapitel 2.

3.2.1.1 Bruttoverfahren

APV-Verfahren:

In diesem Abschnitt wird die APV-Methode behandelt. Im Folgenden Fallbeispiel 5 möchte der Geschäftsführer G, der G-GmbH, die positiven Auswirkungen der Fremdfinanzierung auf den Unternehmenswert über 5 Jahre überprüfen. Ihm liegen diese Daten vor:

---

[211] Aus: 6% durchschnittliche Rendite des DAX + 1%Rendite langfristiger Bundesanleihen + 5% Unternehmensrisiko.
[212] Vgl. IHK-Hannover (2017), S. 5f.
[213] Vgl. Moxter (1983), S. 79.
[214] Vgl. IHK-Hannover (2017), S. 6.
[215] Vgl. IHK-Hannover (2017), S. 6.

Tabelle 7: FCF der G-GmbH im Fallbeispiel 5[216]

Periode	1	2	3	4	Ab 5 (TV)
FCF	2.000	2.400	2.600	3.100	2.525

Zudem gelten folgende Sachverhalte:

Der FCF ab Periode 5 ist der Durchschnittswert aus den Perioden 1-4 und gilt für alle Folgeperioden.

Die langfristige Strategieplanung schreibt einen konstanten Fremdkapitalstand i.H.v. 5.000 vor.

Der Unternehmenssteuersatz beträgt 26,325%.

Die Kosten der Fremdfinanzierung betragen 5,00%.

Die EK-Rendite (unverschuldet) liegt bei 11,00%. Der Barwert aus der operativen Tätigkeit ohne Fremdfinanzierung beträgt:

$$\frac{2.000}{(1+0,11)} + \frac{2.400}{(1+0,11)^2} + \frac{2.600}{(1+0,11)^3} + \frac{3.100}{(1+0,11)^4} + \frac{2525}{0,11 \times (1+0,11)^5}$$

$$= 21.315,28$$

Der Barwert aus Fremdfinanzierung beträgt:

$$\frac{0,26325 \times 0,05 \times 5.000}{(1+0,05)} + \frac{0,26325 \times 0,05 \times 5.000}{(1+0,05)^2} + \frac{0,26325 \times 0,05 \times 5.000}{(1+0,05)^3}$$

$$+ \frac{0,26325 \times 0,05 \times 5.000}{(1+0,05)^4} + \frac{0,26325 \times 0,05 \times 5.000}{0,05 \times (1+0,05)^5} = 1.240,36$$

Der Unternehmenswert der G-GmbH ergibt sich aus der Addition beider Werte, saldiert mit dem FK-Bestand:

$$(21.315,28 + 1.240,36) - 5.000 = 17.555,64.$$

Die Fremdfinanzierung trägt mit ca. 7,07% (1.240,36/17.555,64) zum Unternehmenswert bei. Dadurch, dass die Steuervorteile aus Fremdfinanzierung als einzelner Summand bei der Berechnung erfasst werden, lässt sich der positive Aspekt von Fremdkapital besser veranschaulichen.[217]

Damit eignet sich die Methode vor allem bei Unternehmen mit hohen Fremdkapitalbeständen. Diese können bei Transaktionsverhandlungen Einwände bezüglich der sehr hohen FK-Quote durch das APV-Verfahren dementieren. Auch kann der APV-Ansatz bei internen Kapitalstrukturplanungen als Stütze herangezogen werden, um die positiven Effekte der Fremdfinanzierung abzuschätzen.

---

[216] Quelle: In Anlehnung an Henselmann/Kniest (2015), S. 355.
[217] Vgl. Drukarczyk/Schüler (2016), S. 171.

WACC-Verfahren als FCF-Ansatz:

Im Fall 6 sind folgende Daten der Stahl-AG gegeben:

Tabelle 8: FCF der Stahl-AG im Fallbeispiel 6[218]

Periode	1	2	3	4
FCF	100.000	110.000	105.000	130.000

TV i.H. des Durchschnittes: 111.250.

Renditeforderungen der EK-Geber (unverschuldet): 10%, Renditeforderungen der FK-Geber: 5,00%.

Unternehmenssteuersatz: 26,325%, Zielkapitalstruktur FK: 0,40.

Variante 1: gewichtete Kapitalkosten im FCF-Ansatz:

Die Renditeforderung EK-Geber (verschuldet) betragen:

$$r_{EK}^v = 0,1 + (0,1 - 0,05) \times (1 - 0,26325) \times \frac{0,4}{0,6} = 0,1246.$$

Der WACC errechnet sich somit unter einer gewünschten Zielkapitalstruktur folglich:

$$k_s = 0,1246 \times 0,6 + 0,05 \times (1 - 0,26325) \times 0,40 = 8,95\%. \text{[219]}$$

Der Wert des Gesamtkapitals der Stahl-AG errechnet sich wie folgt:

$$\frac{100.000}{(1 + 0,0895)} + \frac{110.000}{(1 + 0,0895)^2} + \frac{105.000}{(1 + 0,0895)^3} + \frac{130.000}{(1 + 0,0895)^4}$$

$$+ \frac{111.250}{0,0895 \times (1 + 0,0895)^5} = 1.164.161,87 (Wert\ des\ GK) \text{[220]}$$

Der Unternehmenswert der Stahl-AG beträgt nach Abzug des Fremdkapitalanteils:

$$1.164.161,87 - 0,4 \times 1.164.161,87 = 698.497,12. \text{[221]}$$

WACC-Verfahren als TCF-Ansatz:

Für die TCF Berechnung wird das TS mit den jeweiligen FCF der Perioden addiert.

Tabelle 9: TCF der Stahl-AG in der Variation 2 des Fallbeispiels 6[222]

Periode	1		2	3	4
FCF		100.000	110.000	105.000	130.000
+Tax-Shield	(0,26325 x0,05x465.664,75) =6.129,31		6.129,31	6.129,31	6.129,31
TCF		106.129,31	116.129,31	111.129,31	136.129,31

[218] Quelle: In Anlehnung an Henselmann/Kniest (2015), S. 355.
[219] Vgl. Kruschwitz/Löffler/Essler (2009), S. 91f.
[220] Vgl. Matschke/Brösel (2013), S. 716f.
[221] Vgl. Matschke/Brösel (2013), S. 716f.
[222] Quelle: Eigene Darstellung.

Der Terminal Value des TCF (Durchschnittswert der vier Perioden) beträgt: 117.379,31.

Die gewichteten Kapitalkosten betragen:

$0,1246 \times 0,6 + 0,05 \times 0,4 = 9,48\%.$

Der Wert des Gesamtkapitals der Stahl-AG errechnet sich wie folgt:

$$\frac{106.129,31}{(1+0,0948)} + \frac{116.129,31}{(1+0,0948)^2} + \frac{111.129,31}{(1+0,0948)^3} + \frac{136.129,31}{(1+0,0948)^4}$$

$$+ \frac{117.379,31}{0,0948 \times (1+0,0948)^5} = 1.160.517,52 \ (Wert \ des \ GK)[223]$$

Unternehmenswert der Stahl-AG:

$$1.160.517,52 - 0,4 \times 1.160.517,52 = 696.310,51[224]$$

Der TCF-Ansatz hat in der Praxis eine geringe Bedeutung.[225]

Ein Vorteil des Verfahrens jedoch besteht darin, dass in diesem die Wirkung des Tax-Shields besser ersichtlich wird, da die zu diskontierenden TCF, um den Wert der Steuervorteile, über dem FCF liegen. Die WACC-Ausprägung ist in der Form des FCF-Ansatzes die international am weitesten verbreitete Methode.[226] Dadurch ist sie für weltweit agierende Unternehmen, vor allem AGs, die wahrscheinlich adäquateste, da die Bewertung von der Mehrheit nachvollzogen werden kann und sie als Argumentationsgrundlage stichhaltig ist.

3.2.1.2 Nettoverfahren

Als letztes Verfahren wird der FTE-Ansatz auf seine spezifische Eignung hin untersucht werden. Im Fallbeispiel 7 sind die Daten zur Bestimmung des FTE der Swatch Group für 2009/2010 und 2011/2012 gegeben:

[223] Vgl. Matschke/Brösel (2013), S. 719.
[224] Vgl. Matschke/Brösel (2013), S. 719.
[225] Vgl. Ballwieser/Hachmeister (2016), S. 192.
[226] Vgl. Ernst u.a. (2012), S. 64.

Tabelle 10: Daten der Swatch Group 2009/2010 im Fallbeispiel 7[227]

In Mio. CHF	2009	2010
Operatives Ergebnis nach Steuern und Zinsen[228]	759	1.074
+Afa	220	222
+ΔRückstellungen[229]	-6	-4
-Investitionen in materielle VG	220	265
+Desinvestitionen materielle VG	5	10
-Investitionen in immaterielle VG	25	26
+Desinvestitionen in immaterielle VG	0	5
-ΔWC[230]	41	28
-Tilgung/+Aufnahme von FK[231]	-8	-32

Tabelle 11: Daten der Swatch Group 2011/2012 im Fallbeispiel 7[232]

In Mio. CHF	2011	2012
Operatives Ergebnis nach Steuern und Zinsen [233]	1.269	1.600
+Afa	229	261
+ΔRückstellungen[234]	-3	+4
-Investitionen in materielle VG	365	438
+Desinvestitionen materielle VG	17	6
-Investitionen in immaterielle VG	28	39
+Desinvestitionen in immaterielle VG	0	1
-ΔWC	871	982
-Tilgung/+Aufnahme von FK[235]	-23	+55

Der FK-Bestand beträgt zum 31.12.2012: 1.878 Mio. CHF, und der EK-Bestand zum 31.12.2012: 9.344 Mio. CHF.[236]

Pauschal angesetzter sicherer FK-Zins: 5,00%.

Im ersten Schritt ist eine Berechnung der FTE notwendig:

2009: $759 + 220 - 6 - 220 + 5 - 25 - 41 - 8 = 684\ Mio.CHF$

2010: $1.074 + 222 - 4 - 265 + 10 - 26 + 5 - 28 - 32 = 956\ Mio.CHF$

2011: $1.269 + 229 - 3 - 365 + 17 - 28 - 871 - 23 = 225\ Mio.CHF$

---

[227] Quelle: In Anlehnung an Schmidlin (2013), S. 149; Swatch Group (2009), S. 154-156; Swatch Group (2010), S. 162-164.
[228] Ohne Anteile von Minderheiten.
[229] Mit Pensionsrückstellungen.
[230] Das WC errechnet sich aus: Vorräte + Ford. a LuL - Verb. a LuL.
[231] Diese Position beinhaltet die Veränderung der langfristigen und kurzfristigen Finanzverbindlichkeiten.
[232] Quelle: In Anlehnung an. Swatch Group (2011), S. 150-154; Swatch Group (2012), S. 152-156.
[233] Ohne Anteile von Minderheiten.
[234] Mit Pensionsrückstellungen.
[235] Diese Position beinhaltet die Veränderung der langfristigen und kurzfristigen Finanzverbindlichkeiten.
[236] Vgl. Swatch Group (2011), S. 150-154; Swatch Group (2012), S. 152-156.

2012: $1.600 + 261 + 4 - 438 + 6 - 39 + 1 - 982 + 55 = 468\ Mio. CHF$

Der Terminal Value ab 2013 soll wie in den vorigen Fallbeispielen durch den Durchschnitt der FTE und einem Inflationsausgleich i.h.v. 2% bestimmt werden: TV ab 2013: 583,25×1,02 = 594,92 Mio. CHF.

Der risikofreie Zinssatz beträgt zum Stichtag 31.12.2012: +1,3% (Bundesanleihen mit zehn Jahren Laufzeit).[237]

Das Beta der Swatch Group liegt bei 0,81.[238]

Die historische Marktrendite von Aktien liegt bei ca. 8,00%.[239]

Die EK-Kosten betragen somit:

$$1,3 + \big((8,0 - 1,3) \times 0,81\big) = 6,727\%.$$

Die EK-Renditeforderungen für das verschuldete Unternehmen betragen:

$$6,727\% + (6,727\% - 5,00\%) \times \frac{1.878}{9.344} = 7,07\%.$$

Der Gesamtunternehmenswert der Swatch Group errechnet sich folgendermaßen:

$$\frac{684}{(1+0,0707)} + \frac{956}{(1+0,0707)^2} + \frac{225}{(1+0,0707)^3} + \frac{468}{(1+0,0707)^4}$$
$$+ \frac{594,92}{0,0707 \times (1+0,0707)^5} = 7.992,15\ Mio. CHF$$

Die Abweichungen des errechneten Unternehmenswertes zum Eigenkapitalbestand lassen sich auf das Ansetzen des Terminal Value als Durchschnitt, die pauschal angesetzten Fremdkapitalzinsen i.H.v. 5,00% und das nicht ansetzen des nicht betriebsnotwendigen Vermögens begründen. Das Nettoverfahren ist nur gering verbreitet.[240]

Dadurch, dass jedoch bei der Unternehmenswertermittlung direkt der Wert des EKs ermittelt wird, eignet sich das Verfahren für potentielle Investoren, denn der Unternehmenswert muss mit der Anzahl an Aktien dividiert werden, um den fairen Wert je Aktie zu ermitteln.[241] Übergreifend zu den DCF-Verfahren ist anzumerken, dass diese bei größeren Unternehmen adäquat sind. Nicht jedoch bei KMU, da diese meistens nicht über eine detaillierte Planungsrechnung verfügen.[242]

---

[237] Vgl. Deutsche Bundebank (2017): "CSV herunterladen": Stand vom 28.12.2012.
[238] Siehe Anhang A1, S. 35; da keine älteren Daten bereitgestellt werden, wird das Beta mit Stand vom 11.08.2017 verwendet.
[239] Vgl. Wiehle u.a. (2010), S. 24.
[240] Vgl. Matschke/Brösel (2013), S. 726.
[241] Vgl. Schmidlin (2013), S. 147.
[242] Vgl. IHK-Hannover (207), S. 7.

4 Multiplikatorverfahren

In diesem Kapitel wird eine mögliche Alternative zu den bisher thematisierten Methoden angeführt werden. Dadurch, dass das Hauptaugenmerk den bereits genannten Verfahren gilt, wird sie nur allgemein behandelt. Dabei handelt es sich um das Multiplikatorverfahren. Das Konzept des Verfahrens baut auf den Gedanken auf, dass ähnliche Unternehmen ähnlich bewertet werden.[243] Das Verfahren bedient sich bereits am Markt gebildeter Preise, weshalb es ein marktorientierter Ansatz (Market Approach) ist.[244] Der Unternehmenswert aus der Multiplikatormethode errechnet sich aus der Multiplikation eines Multiplikators mit der Bezugsgröße des zu bewertenden Unternehmens:

$$(18.)\ UW_M = aggregierter\ Multiplikator \times Bezugsgröße\ (U)^{245}$$

Mit:

UW_M Unternehmenswert im Multiplikatorverfahren.[246]

Zur Ermittlung des passenden Multiplikators müssen vorerst Peer Group Unternehmen zum Bewertungsobjekt ausgewählt werden.[247] Daraufhin müssen die zur Multiplikatorbildung benötigten Daten gesammelt werden.[248] Nach der Informationssammlung kann für jedes Vergleichsunternehmen ein Multiplikator wie folgt errechnet werden:

$$(19.)\ Multiplikator = \frac{Wert}{Bezugsgröße}^{249}$$

Mit:

$Wert$ Wert des Vergleichsunternehmens zu einem bestimmten Zeitpunkt.[250]

Die ermittelten Multiplikatoren der einzelnen Vergleichsobjekte werden dann durch das arithmetische Mittel oder mithilfe des Medians zu einem Multiplikator aggregiert.[251]

4.1 Kritik am Multiplikatorverfahren

Dadurch, dass der Bewerter mithilfe des Multiplikatorverfahrens unbegründet Unternehmenswerte generieren kann, gilt es eher als Daumenregel für den Preis eines

---

[243] Vgl. Ernst/Schneider/Thielen (2012), S. 189.
[244] Vgl. Ernst/Schneider/Thielen (2012), S. 189.
[245] Vgl. Ernst/Schneider/Thielen (2012), S. 191.
[246] Vgl. Ernst/Schneider/Thielen (2012), S. 191.
[247] Vgl. Ernst/Schneider/Thielen (2012), S. 190.
[248] Vgl. Ernst/Schneider/Thielen (2012), S. 190.
[249] Vgl. Ernst/Schneider/Thielen (2012), S. 190.
[250] Vgl. Ernst/Schneider/Thielen (2012), S. 190.
[251] Vgl. Ernst/Schneider/Thielen (2012), S. 190.

Unternehmens.[252] Die gebildeten Preise der bewerteten Unternehmen stellen keine Werte dar, da sie nur auf Basis von Multiplikatoren gebildet worden sind, welche wiederum auf vergleichbare Unternehmen und Transaktionspreise beruhen.[253] Zudem ist die Kausalität von Multiplikatoren für Außenstehende oft nicht plausibel.[254]

4.2 Eignung

Nichtsdestotrotz wird die Multiplikatormethode in der Praxis häufig angewandt, weil sie schnell zu nachprüfbaren Ergebnissen führt. Es wird zur Bewertung kleinerer Unternehmen als Daumenregel verwendet. Außerdem werden Bewertungsrichtlinien von Institutionen für spezielle Geschäftsbranchen, z.B. der Bundessteuerberaterkammer, Bundesrechtsanwaltskammer oder der Bundesärztekammer veröffentlicht. Durch den geringen Aufwand einfacher Multiplikatorverfahren ist es meistens die effektivste Methode für kleine Praxen und Büros.[255] Auch Investmentbanken greifen speziell bei Börsenemissionen auf die Bewertung durch Multiplikatoren zurück.[256]

5 Schluss

Wie sich aus den Fallbeispielen zu den in Kapitel 3 aufgeführten Methoden folgern lässt, sind einige Verfahren für gewisse Bewertungssituationen besser geeignet als andere. Es ist immer notwendig die richtige Methode für eine Bewertungssituation zu wählen, weil eine Bewertung immer zweckgerecht ist.[257] Aus diesem Grund ist vor der Bewertung immer die Ausgangssituation zu beachten. Wichtige Entscheidungstreiber zur Methodenwahl sind Fortführung oder Verkauf, vorhandene Unternehmensplanung, Kapitalstruktur und Funktion des zu ermittelnden Unternehmenswertes. Der wichtigste Punkt ist, ob das Unternehmen fortgeführt werden soll oder nicht.

Bei Fortführung und vorhandener Ertragsprognose ist auf ein Gesamtbewertungsverfahren zurückzugreifen, ohne Prognose auf die Einzelbewertungsverfahren, wie dem Substanzwert als Rekonstruktionswert oder als Ausgabenersparniswert. Vor allem die Gesamtbewertungsverfahren drücken den Fortführungsaspekt durch Diskontieren geplanter Überschüsse passend aus.

---

[252] Vgl. Matschke/Brösel (2013), S. 689; Ernst/Schneider/Thielen (2012), S. 11.
[253] Vgl. Ballwieser/Hachmeister 2016), S. 221.
[254] Vgl. Ballwieser/Hachmeister 2016), S. 221.
[255] Vgl. Ernst/Schneider/Thielen (2012), S. 11f.
[256] Vgl. Ballwieser/Hachmeister 2016), S. 220.
[257] Vgl. Moxter (1983), S. 5f.

Je nachdem welche Informationen aus der Unternehmensplanung vorhanden sind und welche Besonderheiten das Unternehmen in seiner Kapitalstruktur aufweist ist es notwendig das Ertragswert-, APV-, FCF-, TCF- oder FTE-Verfahren zu wählen. Hierbei eignet sich das Ertragswertverfahren sehr gut für KMU, wegen seiner zu diskontierenden Größe, dem bereinigten EBIT, weil es bei Einzelunternehmern eine tragende Rolle spielt.[258]

Bei komplexeren Unternehmen mit hohen Fremdkapitalbeständen ist der APV-Ansatz eine gute Option, weil dadurch die Steuervorteile ersichtlicher sind.

Das FCF-Verfahren hingegen eignet sich, allein wegen seiner internationalen Verbreitung,[259] für weltweit agierende Unternehmen, um einen plausiblen Unternehmenswert zu generieren.

Da die TCF-Ausprägung des WACC-Ansatzes selten verwendet wird,[260] eignet diese sich mehr als Alternative oder Überprüfungsrechnung zur dominierenden FCF-Ausprägung.

Die FTE-Methode hingegen ist adäquat Investoren, da die Berechnung direkt zum Wert des EKs führt.[261]

Zudem eignet sich unter der Voraussetzung der Unternehmensfortführung der Ausgabenersparniswert. Dieses Einzelbewertungsverfahren fokussiert sich auf die möglichen ersparten Ausgaben wegen der bereits vorhandene Substanz des zu bewertenden Unternehmens und ist geeignet als Entscheidungshilfe für potentielle Erwerber.

Ein weiteres geeignetes Einzelbewertungsverfahren ist der Substanzwert auf Basis von Reproduktionswerten, welcher die vorhandenen Vermögensgegenstände mit Wiederbeschaffungskosten ansetzt.[262] Dadurch, dass beim Vollreproduktionsverfahren alle materiellen und immateriellen Vermögensgegenstände bewertet werden, stellt der daraus resultierende Wert die Obergrenze für die gesamte Unternehmenssubstanz dar.[263]

Falls das Unternehmen jedoch nicht fortgeführt werden soll ist das Liquidationsverfahren zu wählen. Das Liquidationsverfahren gilt oft als Preisuntergrenze, da die Werte für Vermögensgegenstände auf meist niedrigere Marktpreise abzielen.[264]

---

[258] Vgl. Moxter (1983), S. 79.
[259] Vgl. Ernst u.a. (2012), S. 64.
[260] Vgl. Ernst/Schneider/Thielen (2012), S. 35.
[261] Vgl. Schmidlin (2013), S. 147.
[262] Vgl. Ernst/Schneider/Thielen (2012), S. 3.
[263] Vgl. Henselmann/Kniest (2015) S. 445.
[264] Vgl. IHK-Hannover (2017), S. 3.

Schlussendlich ist es oft sinnvoll ein zweites Bewertungsverfahren zur Nachprüfung des Ergebnisses heranzuziehen.

Dafür eignet sich das Multiplikatorverfahren wegen seiner Einfachheit und schnellen Durchführbarkeit bestens, vor allem für bestimmte Unternehmen wie, Arztpraxen oder Steuer- und Anwaltskanzleien.[265]

---

[265] Vgl. Ernst/Schneider/Thielen (2012), S. 11f.

Anhang

A1: Beta der Swatch-Group Aktie zum 11.08.2017[266]

RISIKOANALYSE ZU SWATCH (I)   Chance: ★★★

Fundamentalanalyse Risikoanalyse Alternativen

Preis ?	Mrk. Kap. in Mrd. $?	Bear Market Faktor ?	Bad News Faktor ?	Beta 1 Jahr ?	Korrelation ?
332,73	21,45	-54,00	170,00	0,81	0,31

Risiko	☁	Tief	Die Aktie ist seit dem 28.07.2017 als niedrig riskanter Titel eingestuft.
Bear Market	☁	Sehr defensiver Charakter bei sinkendem Index	Die Aktie tendiert dazu, Indexrückgänge um durchschnittlich -0,54% abzuschwächen.
Bad News	☁	Geringe Kursrückgänge bei spezifischen Problemen	Der Titel verzeichnet bei unternehmensspezifischen Problemen i.d.R. geringe Kursabschläge in Höhe von durchschnittlich 1,7%
Beta	0,81	Geringe Anfälligkeit vs. DJ Stoxx 600	Die Aktie tendiert dazu, pro 1% Indexbewegung mit einem Ausschlag von 0,81% zu reagieren.
Korrelation 365 Tage	0,31	Schwache Korrelation mit dem DJ Stoxx 600	Die Kursschwankungen sind wenig abhängig von den Indexbewegungen.

theScreener.com

---

[266] Quelle: Finanzen.net (2017): Risikoanalyse zu Swatch (I).

Literaturverzeichnis

Ballwieser, Wolfgang/Hachmeister, Dirk (2016): Unternehmensbewertung Prozess, Methoden und Probleme, 5. Aufl., Stuttgart 2016.

Deutsche Bundesbank (2017): Rendite der jeweils jüngsten Bundesanleihen mit einer vereinbarten Laufzeit von 10 Jahren, Internet: http://www.bundesbank.de/Navigation/DE/Statistiken/Zeitreihen_Datenbanken/Makrooekonomische_Zeitreihen/its_details_properties_node.html?nsc=true&tsId=BBK01.WT1010, Stand: 15.08.2017, Abfrage: 15.08.2017.[267]

Drukarczyk, Jochen/Schüler, Andreas (2016): Unternehmensbewertung, 7. Aufl., München 2016.

Ernst, Dietmar/Schneider, Sonja/Thielen, Bjoern (2012): Unternehmensbewertungen erstellen und verstehen Ein Praxisleitfaden, 5. Aufl., München 2012.

Ernst, Dietmar u.a. (2012): Internationale Unternehmensbewertung Ein Praxisleitfaden, München 2012.

Finanzen.net (2017): Risikoanalyse Swatch(I), Internet: http://www.finanzen.net/risikoanalyse/Swatch, Stand: 11.08.2017, Abfrage: 15.08.2017.

Henselmann, Klaus/Kniest, Wolfgang (2015): Unternehmensbewertung: Praxisfälle mit Lösungen, 5. Aufl., Herne 2015.

Industrie- und Handelskammer Hannover (2017): Unternehmensbewertung Ein Merkblatt der Industrie- und Handelskammer Hannover, Internet: http://www.hannover.ihk.de/fileadmin/data/Dokumente/Themen/Steuern/Merkblatt_Unternehmensbewertung_fuer_Kleinstunternehmen.pdf, Stand: März 2017, Abfrage: 08.08.2017.

Kruschwitz, Lutz/Löffler, Andreas/Essler, Wolfgang (2009): Unternehmensbewertung für die Praxis Fragen und Antworten, Stuttgart 2009.

Matschke, Manfred Jürgen/Brösel, Gerrit (2013): Unternehmensbewertung Funktionen-Methoden-Grundsätze, 4. Aufl., Wiesbaden 2013.

Moxter, Adolf (1983): Grundsätze ordnungsgemäßer Unternehmensbewertung, 2. Aufl., Wiesbaden 1983.

Pummerer, Erich (2015): Unternehmensbewertung von KMU Grundlagen, Umsetzung und Plausibilität, Wien 2015.

---

[267] Da die Dt. Bundesbank den Wert täglich aktualisiert, verändert sich der Status „Stand" in der Maske „Eigenschaften" täglich.

Schmidlin, Nicolas (2013): Unternehmensbewertung & Kennzahlenanalyse, 2. Aufl., München 2013.

Swatch Group (2009): Geschäftsbericht 2009 - Finanzrechnung, Internet: http://www.swatchgroup.com/de/investor_relations/jahres_und_halbjahresberichte/fruehere_jahres_und_halbjahresberichte, Stand: 31.12.2009, Abfrage: 15.08.2017, S. 154-156.

Swatch Group (2010): Geschäftsbericht 2010 - Finanzrechnung, Internet: http://www.swatchgroup.com/de/investor_relations/jahres_und_halbjahresberichte/fruehere_jahres_und_halbjahresberichte, Stand: 31.12.2010, Abfrage: 15.08.2017, S. 162-164.

Swatch Group (2011): Geschäftsbericht 2011 – Finanzrechnung, Internet: http://www.swatchgroup.com/de/investor_relations/jahres_und_halbjahresberichte/fruehere_jahres_und_halbjahresberichte, Stand: 31.12.2011, Abfrage: 15.08.2017, S. 150-154.

Swatch Group (2012): Geschäftsbericht 2012 – Finanzrechnung, Internet: http://www.swatchgroup.com/de/investor_relations/jahres_und_halbjahresberichte/fruehere_jahres_und_halbjahresberichte, Stand: 31.12.2012, Abfrage: 15.08.2017, S. 152-156.

Wiehle, Ulrich u.a. (2010): Unternehmensbewertung Methoden Rechenbeispiele Vor- und Nachteile, 4. Aufl., Wiesbaden 2010.

Rechtsquellenverzeichnis

I. Gesetze

Gewerbesteuergesetz (GewStG) in der Fassung der Bekanntmachung vom 15. Oktober 2002 (BGBl. I S. 4167), zuletzt geändert durch Gesetz zur Umsetzung der Änderung der EU-Amtshilferichtlinie und von weiteren Maßnahmen gegen Gewinnkürzungen und -verlagerungen vom 20.12.2016 (BGBl. I S. 3000) und Drittes Pflegestärkungsgesetz (PSG III) vom 23.12.2016 (BGBl. I S. 3192).

Handelsgesetzbuch (HGB) in der Fassung der Bekanntmachung vom 10.5.1897 (RGBl. S. 219), zuletzt geändert durch Art. 3 Aktienrechtsnovelle 2016 vom 22.12.2015 (BGBl. I S. 2565) und Art. 4 Abschlussprüferaufsichtsreformgesetz (APAReG) verabschiedet am 18.12.2015[268].

---

[268] Mit Wirksamwerden am 17.06.2016.

Lightning Source UK Ltd.
Milton Keynes UK
UKHW041829130519
342610UK00001B/48/P